Go Blended!

A Handbook for Blending Technology in Schools

混合式教学

技术工具辅助教学实操手册

[美] 莉兹 · 阿尼 Liz Arney 著

中国青年出版社
CHINA YOUTH PRESS
中青文传媒

图书在版编目（CIP）数据

混合式教学：技术工具辅助教学实操手册 /（美）莉兹·阿尼著；孙明玉，刘夏青，刘白玉译. — 北京：中国青年出版社，2017. 7

书名原文：Go Blended!: A Handbook for Blending Technology in Schools

ISBN 978-7-5153-4707-3

Ⅰ. ①混… Ⅱ. ①莉… ②孙… ③刘… ④刘…

Ⅲ. ①小学 - 课堂教学 - 教学研究 - 美国 Ⅳ. ①G632.3

中国版本图书馆CIP数据核字（2017）第076780号

混合式教学：技术工具辅助教学实操手册

作　　者：〔美〕莉兹·阿尼
译　　者：孙明玉　刘夏青　刘白玉
责任编辑：肖妩嫔　范苗苗
美术编辑：李　甦
出　　版：中国青年出版社
发　　行：北京中青文文化传媒有限公司
电　　话：010-65511270/65516873
公司网址：www.cyb.com.cn
购书网址：zqwts.tmall.com　www.diyijie.com
印　　刷：三河市文通印刷包装有限公司
版　　次：2017年7月第1版
印　　次：2017年7月第1次印刷
开　　本：787 × 1092　1/16
字　　数：190千字
印　　张：20.5
京权图字：01-2016-2248
书　　号：ISBN 978-7-5153-4707-3
定　　价：39.80元

GO Blended!

目 录

GO Blended!

前言

我们是如何成功的

当想到阿斯拜尔公立学校联盟，我就想起一首老歌中的歌词："我喜欢乡村音乐，我也喜欢摇滚音乐。"更准确的意思可能是：我喜欢乡村音乐，我还喜欢摇滚音乐，我也喜欢说唱音乐、节奏音乐、流行音乐——也许还喜欢其他音乐。来自不同背景的人只要了解了我们学校的制度，就能找到可供参考之处。表面上，我们是一家中等规模的区域公立学校联盟，事实上，我们是一家有特色的学校机构，或者说我们是一家愿意尝试新事物、愿意更好地服务学生的传统学校联盟。我们独特的经历以及目标使我们更加坚定地与其他学校的教师和管理人员分享我们的混合式教学——一个能够让世界各地的学生学习许多知识的领域。我们认为，我校学生的混合式学习方法适用于制度类似的学校，也适用于制度不同的学校。我们写此书的目的，就是希望每个人都能在学习中大胆尝试，不怕犯错，因为我们在混合式教学的实践中也曾经犯过很多错误。

自从阿斯拜尔公立学校联盟成立以来，我们的使命就号召我们不仅仅是服务学生，而且还要做得更多。尽管服务学生是我们的首要责任，但是使命还号召我们与其他学校的教育工作者分享我们的成功经验。在实际工作中，我们坚守这一使命。我们委托艾德技术教育公司制作教学数据工具，将我们的教学经验传授给其他学校。我们对我们区域的学校负责人就我校教师开发的观察量规及校准技巧进行培训。当开始实施混合式教学法时，我们发现，在这个领域，人们明显急切地希望和我们分享经验，大家互相学习、共同进步。

最初开始进行这项工作时，我们听到很多议论，说创始人陷入了进退两难的境地。现在我们仍然可以听到人们的种种议论。我认为，过去我们并没有解释为何我们认为自己可以避免陷入困境，简单地说，是因为我们学校的文化氛围非常好，或者说这至少是一个防止进退两难的要素。结果，我们直到现在仍听到如下的议论：

“你们用原有方式在很多事情上取得了成就，因此很难再有创新。”

“你们将远远落后于他人，并最终放弃创新。”

“随着你们学校规模越来越大，做得越来越好，你们将失去很多东西，并且你们将面临越来越多的监管。按照规则，你们还将承担越来越多的责任，最终无法继续创新。”

阿斯拜尔公立学校联盟的文化是独特的，它并不要求人们一定比别人做得更优秀，学校从来没有过这样的要求。但它有很多其他要求，其中一条是绝不能满足于学生能够上大学。我们能够也必须做得更多。我们联盟的学生获得成长的机会与传统教育方式下的群体和学生获得的成长机会大为不同。一言以蔽之：我们从来不会停止成为更优秀的人。

在阿斯拜尔公立学校联盟，我们绝不让传统制度缚住手脚，也不会害怕创新。我们绝不停止追求，绝不停止探索，绝不停止质疑。我们的管理者和教师做了大量的工作，一直保持着这个优良传统。“永不满足”就是我们典型的文化，它促使我们不断改进、不断前进。我们的文化来自教师及领导者对自由及责任的追求，有目的地不断质疑、争论、探索并尝试新的事物。加入我校的人，有时候会寻找“阿斯拜尔模式”。“阿斯拜尔模式”开始看似很神秘，但不久你就会发现，它实际是一种健康的、常态的变化——总是尝试新的事物，让自己更优秀。很多人不久后就意识到，这个模式实际上就是我们的文化，这是我们一直尽全力遵守和保护的文化。

对于常人而言，仅仅是因为怀有希望，就不安于现状而去做前途未卜的事情确实有些疯狂。但这正是我们努力去做的——在工作中保留一点疯狂。到目前为止，我们进行的混合式教学就是要在阿斯拜尔公立学校联盟保持一种冒险精神的“疯狂”——这也是我们未来的希望。

一直让我们成功的另一个文化特征是我个人称作的“自信式谦虚”。越来越多的学校、教育工作者和组织传递给我们一些无法认同的观点。我认为，保持“自信式谦虚”非常重要：我们有足够的自信去尝试新的事物，不必担心因为失败或者结果不完美而遭受批评或惩罚。我们坚信，我们虽然不是专家，但我们有一定知识基础，在此之上我们能去尝试、学习、失败、再尝试。我们有足够的自信，说："我们按照自己的模式做事，这个符合我们的文化，并受我们组织文化的制约。"同时，我们也非常自信地意识到，我们每天都在以一种强有力的方式向其他教育工作者、学校和教育制度学习。我们有足够的自信坐下来，与其他人相互学习、共同进步，他们或许和我们面临一样的挑战，或许早已解决了我们遇到的问题并且乐于帮助我们解决困难。

在做这项工作时，我们再次发现：真正好的想法都有共同的来源——教师。如果你想知道在课堂上如何使用和提高教学技术，那就问一线教师。他们在教学中使用的技术可能比你知道的还多。他们有很多改善技术的好主意，他们也梦想着有一天把自己的想法变成现实。我们最初就混合式教学征求内部建议时，发现教师有很多想法。那时我们也了解到，很多教师实际上已经就教学技术做了实验，并期待有较好的效果。

在阿斯拜尔公立学校联盟，我们有一批特别优秀的教育管理者和教师，他们全心全意地为学生服务，这令我十分感动。为了实现培育学生的目的，我们有成功，也有失败；有欢笑，也有泪水；有时精力充沛，有时筋疲力尽；我们尽职尽责，但偶尔也感到失望。跌倒了，我们再勇敢地爬起来，尽心尽力地服务学生，不仅服务阿斯拜尔公立学校联盟的学生，而且服务全美国公立学校的学生。我称我们的团队成员为英雄。据说，老师们听到这个称呼后有时候会感到局促不安。他们的这种感受不是因为谦虚，而是因为他们觉得超人才能被叫作英雄。他们不是天生就有特殊的力量，但是，他们全身心地投入这项工作，毅力坚定，下定决心来克服这项令人生畏的任务——让这个国家的每个学生都有条件上大学。这的确令人备受鼓舞！

在阿斯拜尔公立学校联盟内外，我能够举出几百位值得佩戴英雄徽章的人。每天晚上在睡觉前，我都希望这些人了解自己的贡献，也希望人们敬佩他们所做的工作。在这些人中，莉兹·阿尼就是一位值得尊敬的代表人物。她是此书的作者（此书是我们编写的“分享成功实践系列丛书”的第一部）。作为教育专家及专职教师，莉兹在阿斯拜尔公立学校联盟工作了十多年。“深红紫色”（我们的签字颜色）就是莉兹·阿尼设计的。她清楚我们的定位，也知道我们的方向。她不仅坚定不移地奉献于我校的学生，还坚定不移地奉献于所有希望进入著名大学，拥有光明前途的年轻学子。

莉兹是位具有批判性思维的思想家，她善于合作，乐于创新，也是一位好朋友。在实施混合式教学初期，我们非常需要具备这些素质的专家。因为莉兹具备这些素质，所以我们请她来带领这个团队。她接受了这个重任，带领团队走进了这个未知领域。当时我们有些方面做的很好，有些方面做的不够好。阅读本书，你会收益多多：学习莉兹如何带领团队，如何永无止境地请教他人，学习莉兹总是质疑已知事物，经验丰富却会换位思考的精神。

在莉兹带领团队进行混合式教学的征途中，我们获益颇多，但最重要的一点是，我们有明确的目标：我们探索一切提高课堂教学水平的机会，提高学生的学习效率，让学生具备上大学应具备的素质。我们特别感谢莉兹和她带领的团队，也感谢所有为此书做出贡献的教育工作者和教师。

阿斯拜尔公立学校联盟的使命号召我们与其他人分享我们的成功

经验。因为就混合式教学这个领域，我们已经探索出了一些经验，并且已经将一些设想变成现实，我们在此郑重承诺：我们会分享我们所知道的一切，我们将向他人学习，虽然我们会犯新的错误，但我们会汲取教训，继续前行。

我们特别希望，你们会将混合式教学这项事业继续下去。我们也特别希望你们大胆前进，勇于试错，至少和我们犯的错误不一样也是收获。让我们共同进步！祝你们在本书中获得愉快的阅读体验！期待着向你们学习！

詹姆斯·R. 威尔科克斯

阿斯拜尔公立学校联盟首席执行官

GO Blended!

引 言

教学技术工具 拥有提高学生成绩的强劲力量

技术拥有提高学生成绩的力量——我们的环境、学校文化和全体教师都提出了要求，希望厘清技术手段是如何提高学生成绩的，以便帮助学生应对他们面临的挑战。因此，我们在阿斯拜尔公立学校联盟踏上了混合式教学的探索之旅。作为成年人，我们意识到我们的生活与技术息息相关。每年我们送进大学的学生在校园生活中离不开技术，这是毋庸置疑的。另外，我们也清楚，即使我们的教学活动做得再好，也不足以让所有学生都顺利进入大学并且顺利毕业。可以说，要提高学生的成绩，新策略、新工具不可或缺，而混合式教学将极大地尊重学生的差异性、丰富学习内容、提高学生成绩、增加学生的课堂参与度。虽然混合式教学的效果还未经证实，但是我们很快就能发现学校、教师和学生对技术手段的使用势不可当。如果我们不能厘清科学技术在教学活动中发挥何种作用，那么我们注定会落后。

什么是混合式教学

混合式教学是一种正规的教育形式，该形式下的学习具有以下特点：

1. 部分学习活动在线进行，控制学习的时间、地点、途径，也可以加上控制进度；

2. 部分学习活动在教师的监督下即在真正的教室中而不是家中进行；

3. 结合个人在某一门课程中的学习状态，来获得一种综合性的学习体验。

来源：克莱顿·克里斯坦森研究所

混合式教学：发掘学生潜力，提高教学效率

混合式教学为教师提供了以下的机会和尝试空间：个性化——教师与各个小组的学生一起设定学习目标；严谨性——教师强化或拓展课程内容；监督性——教师花时间分析学生数据。混合式教学通过提供在线与现场环境下的差异化体验，使教师进一步关注学生个体，把他们看作有个体差异的学习者，并通过多个数据点来记录学生的成长。此外，混

合式教学也为师生提供绝好的机会，把国际教育技术协会（ISTE）的标准运用于自身，该标准可应用于数字时代的学习、教学与管理，只要提供了运行机制与日常规定，学生就可以学习使用技术工具。

我们的教师在进行混合式教学的试点之后，许多人谈到混合式教学如何帮助他们改进了教学活动，而且向我们表达了心声——他们想要进行混合式教学。南希·卡斯特罗是阿斯拜尔泰坦学院学前班的教师，以下是她的分享：

自从进行混合式教学以来，我体会到我的工作变得更有目的性。软件所提供的数据帮助我更多地关注所指导的阅读小组，有针对性地满足了学生的需求。混合式教学使我能够更有效地利用时间，对阅读和数学小组进行指导。我可以稍微花多一点的时间指导和面授阅读小组，可以在上机学习时讲授数学课，还可以推动小组与低水平学生一起协作。

她的同事劳尔·冈萨雷斯是一名一年级教师，她补充道：

对于教师来说，任何教学手段都不可能一劳永逸，但是提高教学效率是每名教师永远的追求。混合式教学能帮助我提高效率。我以微型计算机工作站为例，在开展混合式教学之前，所有学生都要同时使用工作站，而我要准备好全部学生的工作站。现在则不必了。每天，我只需准备好几个工作站，让学生轮换使用，使用时间由计算机分配，学生就不必在工作站45分钟集中注意力。总而言之，我认为混合式教学是一种有效的资源，不仅能够让学生使用技术进行学习，而且能够有助于我持续高效地进行教学工作。

马克·蒙特罗是阿斯拜尔泰坦学院二年级教师，他是从另一方面进行阐述的：

如果不采取混合式教学模式，学校会怎样呢？使用计算机本来就是学生的必备技能，通过混合式教学，现在我的学生很好地掌握了这项技能，并且能解决遇到的一切技术问题。如果我们没有开展混合式教学，学生就不会有这种学习技能的机会。我也不会有大量的实时数据来观察学生的发展状态或了解他们的需要，尤其不容易了解我班上那些在传统课堂上表现不太积极的学生。

蒙特罗又解释说，学生在计算机上进行学习可以使他们学到其他地方学不到的内容。接着他说道："由于混合式教学需要教师调整教学方案，教师们因此惊慌不安，担心学生不再从老师身上学习，而是从别的渠道学习知识。然而，教师非得是学生学习的唯一源泉吗？"

克里斯廷·黄是阿斯拜尔英斯基普学院的教师，他认为有个"搭档"把内容传授给学生益处多多：

几周前，我第一次教授数学中的"舍入法"。在教授该课程之前，我了解到大多数学生已经能够在数学软件中使用数轴进行舍入，所以，我第一次讲授舍入法时就联系学生在数学软件上的经验进行教学。舍入法对于每一届三年级的学生来说，都是既新又难的概念，但是今年的情况却大有改善！

大多数学生又快又好地掌握了。我还教了学生舍入的两种不同方法。一种用的是数轴，是概念法；而另一种是注重具体过程的方法，我用了"舍入歌谣"。在前几年，学生对"舍入法"这一概念理解得不透彻，有时数轴法会让他们更糊涂。今年，由于这款数学软件的推广与使用，很多学生可以成功地运用数轴，并能真正地理解"舍入法"这一概念和其目的。一些学生对"舍入法"的概念理解得很透彻，他们甚至可以自己在脑子里计算舍入。”

混合式教学不仅能够帮助一般课堂的教师，而且能够帮助学前班的教师。林迪·布雷姆是阿斯拜尔泰坦学院的学前班教师，她分享的内容是：

自从开始尝试混合式教学，我对工作进行了新的调整，体现在以下两个方面：如何分析学生的阅读数据以及如何组织学生进行小组活动。分析数据再容易不过了，但是以学习中心来组织小组活动却是难上加难！只要把阅读软件的数据添加到阅读电子表格，我就能获得学生们的阅读测评。这一点我很喜欢。测评也的确给学生提供了另一层面的参考，使他们清楚自己的优势和劣势分别在哪里。例如，有一名四年级的学生，她的阅读能力是一年级的水平，可是上次阅读软件给她诊断的分数是三年级水平。她的强项是自然拼读，我们可以据此判断：她的能力足以进行自然拼读，只不过是需要更多的帮助来把她的这些能力发挥出来，运用到她的阅读当中。总的来说，去年我们进行的混合式教学结果令我发自内心地高兴，混合式教学的确对我的工作有积极的影响！

混合式教学以不同方式帮助教师更好地发掘学生的潜力、激励他们挑战自我，效果令我们震撼。以下是冈萨雷斯的分享：

对于教师来说，激励后进生容易，激励优等生则困难得多。我有一名一年级的学生，他在数学方面遥遥领先，过去他经常在课堂上影响其他同学。他会大喊大叫：“这道题我已经会了！”现在他使用软件做三年级的乘法题，还帮助班上的其他同学，并试着鼓励他们朝更高的水平努力。现在，他更加具有自我挑战意识，他的行为也随之发生了变化，这件事让我充满了前进的动力。

同样地，一些备受学业折磨的学生在混合式教学课堂里也会不断成长起来。蒙特罗分享了这样一件趣事：

我的班上有一名非常安静的孩子，他从来不参与课堂活动。因此老师很难知道他的长处是什么，因为他几乎不出声。当我开始分析软件数据时，我意识到他是班上数学最好的学生！而当我查看他的蓝思阅读测评（Lexile）时，发现他的阅读能力也很强。虽然他的母语不是英语而且又特别地安静，但是我可以确定他是班上成绩最好的学生之一。于是我表扬他成绩优异，他在课堂上的自信心得到了很大的提升，开始更多地参与课堂讨论。

“混合式教学”不是“技术型教学”

我们认为“混合式教学”和“技术型教学”有很大的区别。那些采用数字化工具的学校未必就是进行混合式教学的学校。“混合式教学”是以学生学习为中心的一种模式；“技术型教学”的环境是数字化的软件工作站，对于教师的教学和学生的学习来说，它完全依赖于技术的实现，实际上只是一种采用了技术的教学模式，可能更像是一种传统的教学模式。

现任KIPP基金会数字化学习负责人的安纳本·巴特查里亚曾经担任芝加哥KIPP的教学技术负责人，他对于“混合式教学”也有相似的表述：“我们致力于打造一所‘全方位’运用混合式教学模式的学校。（KIPP，the Knowledge is Power Program，意为知识就是力量，是美国的特许学校集团提出的。此校致力于提高贫困家庭学生的学习成绩，为学生开设了多样化的课程并注重教学绩效，对教师建立了激励机制。）这有希望消除人们对于混合式教学的认识误区——认为混合式教学不过是通过一份硬件或软件的‘购物清单’就能实现的。”换句话说，那些仅仅采用了与运用混合式教学模式的学校一样软件的学校未必就是开展了混合式教学的学校。混合式教学模式可不仅仅是软件的选择。

如何开启混合式教学旅程

三年前，当第一次尝试混合式教学时，我们就被称作“理性的怀疑者”。总的来说，我们信奉的是因人而异的个性化教学，但是我们也赞同技术在教学活动中能够起到提高学生成绩的作用。该模式的效果好坏还未被证实，且相关的软件研究也很少。这既是一件幸事同时也是一种责任。当开始向其他使用技术的特许组织、学区以及学校学习并看到技术在课堂上所发挥的作用时，我们就开始相信技术可以给我们的教学带来巨大的希望。在本书中，我会讲述我们所做的整个过程：尽全力学习，循序渐进，小范围试点以及缜密思考什么是可行的或不可行的。

一开始，我所在的团队只有两个人，我们的工作就是搞清楚混合式教学在阿斯拜尔公立学校联盟中所起的作用。在最初的六个月里，我的感觉就是，在阿斯拜尔，只有我们俩相信使用技术来学习可以对我们的教学发挥很大的作用。而我自己一开始也并不信服混合式教学的力量。（实际上，我当时的头衔是“混合式教学的冠军”——但我当时对此并不是很有激情！）我目睹了无数的学校投入了资金，大量购买技术设备来炒作数字化学习，但最终还是以失败而告终。我感觉自己好像是茫茫无际大草原上的牛仔女郎，又好像是未知宇宙边缘的宇航员，茫茫不知所然。的确，我要为阿斯拜尔探索很多事情：我必须先自己摸索很多东西，然后再让阿斯拜尔的同仁们相信我所做的工作是极好的，是值得投入时间与金钱的。对于给予我这次难得机会的组织，我确实会尽心尽力地为之工作；当我提出“它可能会发挥作用”时，我是严肃认真的；一切运作良好，与我合作的所有团队都会尽其所能地完成这份工作。

现在回想起来，投入这项工作的人们应该是“理性的怀疑者”。我们仍然有许多东西要学习，有许多东西还未被证实，有许多东西虽然外表光鲜却没有实质内容。尽管人们的担心不无道理，但是混合式教学为学校负责人及教师们提供了一个可以使学校发生巨变的途径，这种变化将有益于学生的学习，能够为21世纪人才的培养打下基础，而技术可以给学习带来巨大的改变。我们认为混合式教学不仅是为了“混合式”这个概念，也不仅是为了学习混合式教学而教学，但是无论怎样，混合式教学是我们学校通向教与学的未来关键的一步，因为混合式教学引领师生进入以学生的学习为目的来使用技术的轨道，这为今后的变革开启了无数的机会之门。简而言之，在混合式教学上所做的一切工作使我们已经做好准备，可以不断调整并反复运用技术来学习早前学校改革未尝试的方法。

做一名“理性的怀疑者”意味着要时时刻刻把工作铭记于心：无论是使用技术还是不使用技术，在任何情况下，你要做的就是一切为了学生。合理的怀疑意味着不沉迷于那些“光鲜的一面”，不因为设备有趣而沉迷，也不因为之前从未见过视频教学而沉迷。实际上，一名“理性的怀疑者”不会因为仅仅觉得“混合式教学”听起来不错，就采用这种模式。确切地说，进行混合式教学是鉴于环境、学校文化以及教师帮助学生解决其挑战的整体意愿，是因为你希望搞清技术是如何提高学生的成绩的。简而言之，相信混合式教学会有助于你解决所针对的问题。

当越来越多的学校开始实施混合式教学，教师们强烈地渴望把自己的教训与收获都编辑成书。这本书既反映了教师们的亲身经历，也记录了我们团队在学校启动混合式教学时所经历的事情。而学校以及学区的领导们对如何进行混合式教学也很感兴趣，我们与他们进行了无数次交流之后，发现学到的挑战与教训能够运用到不同的环境里，因此，这些信息要好好分享。我们希望你也踏上这一征途，和我们一起分享，那么我们也可以向你学习。

不同的环境，相似的挑战

纵观全书，笔者已经总结了混合式教学带头人的各种观点，这些带头人从各地而来，背景各不相同，但是都从事着这项工作。其中，尤其值得感谢的是KIPP基金会、高峰公立中学联盟、美国火箭教育、E.L.海恩斯公立特许学校、联合升学公立中学联盟、基石特许学校、华盛顿卓越公立中学联盟、马斯特瑞特许学校联盟以及福斯特兰学校联盟，它们进行了创新性实践，而且这些学校混合式教学的带头人也为该书贡献了他们的观点。

大多数教职人员认为自身学校的文化是独一无二的，因此他们认为所遇到的挑战与其他学校的挑战是不同的。即使在我们自己的组织里，在构成人员相似的学校里，播放一名正在进行授课的教师录像，也总是会有一些教师说："这对我的学生不管用，因为我所在的学校情况不一样。"的确，每所学校都是不同的，但是我们发现，尽管在环境、政治、人口、教师、地理位置、教学模式以及办学规模方面存在差异，混合式教学在刚启动时所面临的许多挑战都是非常相似的。

关键理念

开展混合式教学的工作使我们意识到，虽然我们的混合式项目包括很多方面，混合式教学的模式也各不相同，但是我们所面临的挑战和汲取的教训是极其相似的。

换句话说，进行混合式教学的方式不止一种；实际上，随着不同模式与试点的开展已经涌现出大量的可行方案，人们可以从中学习学校应如何变革以帮助学生提高成绩。但是，不同系统的教师、学校领导以及学区管理者都惊人地相似；他们为了支持日益增多的技术，都改变了管理方式，也改变了关键性决策方式。

不必拘泥于特定的工具

软件产品不断地更新换代，一些甚至会退出市场。硬件和基础设施版本的升级甚至更快。早期有关于混合式教学模式的一些案例，经过多次反复验证之后已经发表，案例研究与学校当前状态往往有天壤之别。

（这其实是一件好事，因为我们希望形成一种氛围，可以不断地从成功和失败中汲取经验！）我们也相信对于所有的这些挑战，并没有专业的、最好的答案。你在挖掘这些挑战的本质时，我们建议你寻求来自组织的支持，因为这些组织专注于提供相关的混合式教学的信息。

在本书中，我们区分了以学习为目的的技术和以教学为目的的技术。前者是指我们的关注点是学生的学习。后者（交互式电子白板、遥控器、学生应用软件、开放式教育资源、翻转课堂等）是传递内容的方式，而这些方式更多地依赖带头人来改变教师的做法，但是这未必会对学生的成绩产生作用。

混合式教学教师的真实故事

虽然每一名教师的故事都是不同的，但是在进行混合式教学的第一年里，我从教师的真实故事中总结并概括了两位教师的经历，以便抓住这一过程的本质，即多元化、复杂化、动态化。当你阅读本书时，我希望你能明白这项工作是一次历程，而你的思维以及团队成员的思维都可能随着时间的推移而发生改变。第一位教师的历程在此处的引言里，而第二位教师的历程则在结论处。

我的混合式教学历程

克莱尔，阿斯拜尔艾里斯学院的一年级教师

我们启动前的一年

我要从我们的试点启动之前的那一年说起。那一年冬天，我遇到一名来自洛杉矶KIPP授权学校的教师。她跟我谈起她的学校已启动的混合式教学模式，该模式要求把学生分成几组，她要与这些小组每天见几次面。混合式教学让她感觉作为一名学前班教师，每天日常的工作变得更加有意义。她说不能想象让她再回到以前给全班学生讲授大部分课程的模式。作为一名阿斯拜尔的教师，我总在尝试找到更好的方式来满足学生的需要。在课堂上使用计算机，听上去截然不同的教学法似乎是有可能实现的。我直接找到校长埃米莉，告诉她我了解到的一切。

九个月之后

在那次关键性会谈之后又过去九个月，埃米莉校长告诉我KIPP总部的工作人员莉兹已经与她商议在我们学校进行混合式教学的试点。埃米莉知道我早就跃跃欲试想要开展混合式教学，而且我们认为学校里其他的教师同样也会感兴趣。

十月的时候，莉兹和我一起拜访了KIPP授权学校，并观摩了正在上课的学前班和一年级课堂。我们观察到一些孩子正在进行学习中的转换环节，一些在教师的指导下进行阅读，一些在学习语音，而另一些孩子在操作计算机。课堂令人感到愉悦和富有成效。教师们平静而专注地指导他们的小组。当我越过学生们的肩膀看计算机屏幕时，我发现程序看起来都不一样。或许，相比于做课堂书面作业，学生似乎在计算机程序上更加投入。

在学年进行到中期时启动任何一个新项目都会令人望而生畏。但是，我相信大多数混合式的教学系统在阿斯拜尔艾里斯学院的课堂上已经建成。我们已经在做阅读工作坊和面授阅读课。我们有专门的词汇课时间，课上会把学生分成几个小组。在数学工作坊期间，我们也面授指导数学课程。在计算机的辅助下，我们可以一天三次为学生提供高效的、差异化的指导，以培养学生独立思考的能力。进行混合式教学的可能性似乎越来越大。

试点启动前，十一月初

十一月到来时，艾里斯学院学前班、一年级、二年级、三年级的教师就开始开会讨论如何开展混合式教学。我们花时间思考和每组学生会面的时间是多长、学生如何知道何时进行学习方式转换以及学生如何弄清楚下一步该做什么。混合式教学的安排是富有挑战性的，我们必须花费更长的时间进行小组教学。试点教师可以互相商量，但是也可按照对课堂有意义的任何形式，自由地进行混合式教学。

启动，十一月末

经过了十一月几周的准备，我们先调整了设施摆放，为计算机腾出更多的空间；然后进行“单点登录”（是为学生提供的一种适合儿童使用的访问程序），最后创建了表格，以便使学生能够清楚地明白下一步该在什么地方做什么，这样我们便做好正式启动的准备了。当然，在一开始的时候，我们还是无法避免一些技术难题！

我的一年级学生都能驾轻就熟地操作计算机。只需教师略微指导，学生们很快就能熟练地操作我们在使用的这三款程序。从整个学校来看，只有学前班的儿童在一开始时需要教师给予最多的帮助，以便让他们知道如何使用笔记本电脑。我发现进行转换最重要的一点就是快速、安静地关闭计算机，这样过渡的时间就可以降到最少。我们很快引进了“班级激励表”让学生使用，以帮助他们很好地过渡。

我们最初的障碍在于，没有厘清每个小组如何开始学习，以便教师能够有一两分钟的时间扫视教室，确定所有的学生都开始做自己的任务。我决定当学生过来和我见面时，就给他们下达“现在就做”的指令，这样我就可以在必要时巡视并检查学生是否专注于任务。

我们教师很快意识到必须有一个后备计划，以防网络崩溃或突然断电。如果学生在进行“阅读转换”时遇到问题，我们就让他们去拿“书箱”，并在电脑屏幕前进行阅读。对于上词汇课和数学课的学生，如果有类似的问题出现，我们还制作了后备数据包以备不时之需。富鲁卡瓦女士是我们混合式教学的助教，当她上课时，我们会告诉学生如果他们需要帮助可以用适当的方式引起她的注意。对于某些特别精通计算机的学生，在必要时我们也会请他们来帮忙，帮助他们的朋友。

进行试点，从十一月到次年五月

几周时间过去了，我们的混合式转换模式进行得很顺利。在我的课堂上，阅读时间从之前的40分钟延长到60分钟。现在我们与每个学生的小组见面时间大约是15–20分钟，而且学生不需要有教师在场就可以自主地进行阅读，听有声书，或者使用计算机的阅读程序。在上语文课时，我给每组的学生上词汇课程。学生在自习时间里练习单词拼写。在上数学课时，根据每个单元之前测试的成绩，把学生分成几个小组。正如上阅读课和词汇课的学生一样，所有数学小组的学生每天也要见面。

在开展混合式教学模式之后，我注意到最大的变化之一就是小组的流动性增强了。我可以更经常性地评价学生，因而学生也可以更快速地在小组间流动。在指导阅读时，我会在每隔一周的周五记录一下指导情况。每隔四至六周就重新测评一次单词掌握量。通常会每周告知一下小组其数学的考前测试成绩。学生取得的成绩不仅仅是自己知道，而且他们会自豪地向家人汇报！

因为每天大量的工作都投入到小组里，教师发现他们整个班级上课的时间在缩减。我给整个班上课的时间仅为10–15分钟，其中主要包括课程的衔接与示范。在小组里，学生参与教师的指导活动，进行独立实践和会话以及与伙伴共同协作。混合式教学必然会改变教师所做的课堂设计类型。我不能说它比以前的工作量要少，但是我可以说就学生成长而言，它的目标性更强、效率更高。

结 论

混合式教学与我们介绍给学生的其他新教育体系并没有什么不同。我们强调关注资料、专注学习、看重学生责任心以及独立性的培养。我兴奋地看到学生在自主学习期间非常专注于计算机的操作。在专业方面，我发现自己小组的教学水平和个性化指导都有了一定的提升。希望教师们都是天才的创新者！我迫不及待地想要看到在混合式教学模式的指导之下我们能够带领学生走向何处。

如何使用本书

本书是一本实操手册，对于有意开展混合式教学的学校领导、学区负责人以及特许学校带头人来说，本书有助于他们理解在管理过程中所遇到的变化，同时还有助于教师进行混合式教学。尽管我们学校的转变时间并不长，但是一路走来学到的许多经验和教训已经给我们带来了不一样的思考，思考如何启动并开展混合式模式。这些经验和教训可以运用在学区学校和类似的特许学校上，对于当下来说，就像是及时雨。当前美国学校正面临着日益增大的压力，于是学校纷纷把购买技术当成一种途径，以符合“国家标准”。混合式教学提供了一种思维方式，告诉人们如何在课堂上有目的性地利用技术，而非为了技术本身来购买技术。

本书是按照以下三个部分来组织的。

第一部分阐明了为了开展混合式教学，并在今后集中精力确保其实施，带头人应该如何做决策。第一部分共有四章，探讨了所有带头人在开展混合式教学之前要思考的立足点：教学重点、准备情况、团队建设以及规划问题。

第二部分详述了为了让大家了解如何开展混合式教学，带头人需要采取何种战略决策。这一部分共有五章，这五章清楚表述了当在学校层面开展混合式教学时，带头人需要注意的问题、关注点以及需要进行何种权衡。

第三部分展示了为了在学校里、课堂中开展混合式教学，带头人应当采取何种实际步骤。

对内容做出这样的安排是希望读者能够按照前后顺序阅读。因为复杂变革的管理过程包括一系列步骤，而大部分是按照特定的顺序展开的。

即便如此，我们也意识到采取何种顺序取决于你的团队结构，取决于你在开展这项工作时，你的身份是一名教师、系主任、学校管理者还是学区的负责人。本书的某些章节对一部分人适合，对另一部分人也许就不适合。理想的情况就是在你的团队中，学校领导、教师和学区负责人共同团结合作，因为混合式教学的开展确实是一项团队活动。由于混合式教学离不开管理和权衡，所以建议你通读本书，这样就能更好地理解各个领域之间的相互影响。因此，虽然让有实践经验的人（比如非教师群体）来深入探究第二部分的章节似乎是个不错的主意，但是请记住该部分所有决策和权衡都会对师生产生直接的影响。让所有的领导了解这一流程，有利于你的团队正确定位，做出正确的决策，从而产生最佳的教学效果。

克里斯·弗洛雷斯是我的一名同事，来自田纳西州孟菲斯市，是阿斯拜尔数字化学习部门的经理。他对该项工作的描述如下图（请参见图0.1）。

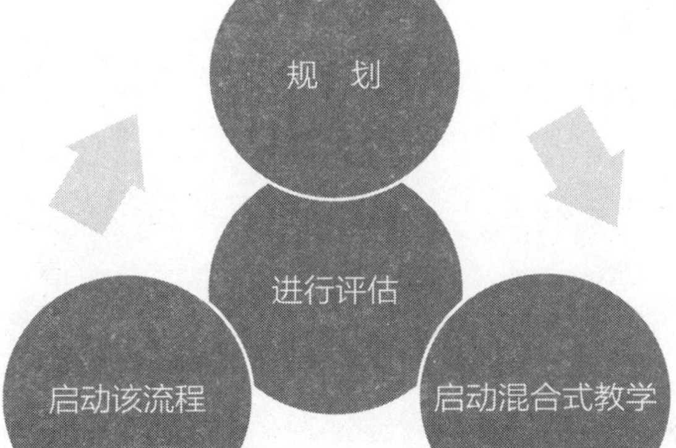

图0.1 混合式教学实施周期

混合式教学的激励机制

许多网上学习环境已越来越多地使用“数字徽章”来鼓励学习者

并对其取得的成绩进行记录，在本书中我们也给读者提供了同样的激励与庆祝机制。在每章的结尾，你会发现一份评价表，可以自查在本章的混合式教学之旅中你做了哪些工作来赢得“徽章”。在你自己的学校里学习并实施混合式模式的过程中，请你取得一项成绩就勾掉一项。

获取“徽章”（具备混合式教学的能力）

有决心的决策者 

战略的规划者 

勇敢的发起者 

GO Blended!

第一部分

如何准备混合式教学

我经常读到一些新闻报道称，学区和学校在开展混合式模式时，首先就是购进大量的技术设备，其次才是考虑如何利用这些设备。这从根本上就是错误的策略，关于这一点，重申多少次都不为过！

无论你是在考虑是否要增加技术设备量，还是你对眼前的一切感到既不安又激动，首先你要做出一系列重大的决策，以确定你的混合式教学之旅的方向。

我们在此过程中会犯很多错误，但是同时我们也会有很多收获。在接下来的章节里，你会找到一些方法来避免在混合式教学模式启动时可能产生的隐患，同时积极从别人的失误中汲取经验和教训。

第 1 章

学习本身比技术工具更重要

最近几年，在分享了一些关于混合式教学的心得之后，我经常被来自全国的教育工作者邀请去发言。学校领导、顾问、教学技术指导员以及教师都会就如何开展混合式教学咨询我，而且想参观我们的混合式教学学校，并获取我们搜集到的资料。我们本校也有许多分校的校长和教师给我打电话咨询与技术相关的建议。下面是一段典型的电话通话。

校长：我们想要为我们的学生购买Chromebook笔记本电脑（Chromebook是谷歌推出的网络笔记本，是一种全新的笔记本电脑）或者苹果平板电脑iPad或者是别的笔记本电脑。

我：请说得再详细一些。您的教师对如何使用这些新设备有什么规划？

校长：我们希望学生利用更多的技术，并期望他们能够通过访问应用程序以及别的程序来完成他们的任务。我们想让学生成为21世纪的学习者，而且我们也深知学生需要使用更多的技术以服务他们的学习。

我：好，请您更加详细地说一下你们的计划。有哪些教师参与？使用哪些应用软件？您有没有想要达到的具体成果？

校长：我还不确定。这将根据每个课堂而有所不同。

我：好吧！您有没有计划好谁将负责这些设备呢？谁负责培训教师们呢？谁来负责该项目以及谁来做购买应用软件的决策呢？

如此这般说了一番。通常此时这位校长会对我感到一些失望。但这样的对话在我们学校里很常见，因为我们学校和整个美国的学校一直都是这样采购技术设备的。问题是这样的技术采购，虽然校方是出于善意，但是学校领导却错过了一个巨大的机遇——利用技术来解决教学问题的机遇。尽管技术看上去很有吸引力，但是不应该单纯地为了技术而使用技术。在学校里筹建大规模的技术项目并使之运转起来是一项非常艰辛的工作，而且当问题出现时，我们也很容易把问题归咎于技术。但是，如果校领导能够明确他们是在尝试利用技术来推动问题的解决，那么教师就能够把注意力放在问题的解决上，而不只是关注技术本身。

利用技术工具，解决棘手的教学问题

利用技术来帮你解决一个迫切需要解决的教学问题，而不是单纯为了使用技术而使用技术。让校方认同并关注一个教学项目是很难的。校方有很多更重要的事情需要考虑（有时重要性还要排序）。

下面是一些利用技术来解决教学难题的例子：

- 我们如何更好地支持教师来进行更多更好的小组差异化教学？
- 我们如何辅导并促进在弧线两端的学生（弧线两端的学生是指

技术并不总是正确方案。如果有可以不通过技术来解决问题的更好办法，那么也许这个问题本来就不需要通过技术解决。不要单纯为了混合式教学而开展混合式教学，因为当遇到困难时（宽带出现故障，设备坏掉，软件不兼容或者是可能出错的成百上千件事情中的任意一件出了差错），教师们都会归咎于技术，而你就会在这个阶段停滞不前。然而，当技术让你失望时，请你问问自己是否还有更好的方式去解决这个教学难题。如果没有其他更好的办法，你就要下更大的决心，继续推进技术来解决这个难题。

学习成绩差和学习成绩优秀的学生）的学习，除了大部分的学生，还有谁是我们没有照顾到的呢？

• 我们如何更好地利用家庭作业时间呢？

• 我们如何为某一特定主题节省更多的教学时间呢？

• 我们如何提高所有领域里学生的写作能力呢？

• 我们如何随着时间的推移来记录学生的学习情况，以便测量学生的进步并改进我们的教学？

• 我们如何发现并帮助那些遇到困难的学生，帮助他们更加快速、高效地使用数据？

• 我们如何减少在踏入大学校门之际需要补习数学的毕业生的数量呢？

你所发现的问题随着时间的流逝是可以量化并最终可以解决的，该问题解决之后，你又会发现下一个需要解决的新问题，而且很可能是教学上的问题。技术不像善于教学的老师那样能够促进学生的学习。**应把注意力放在提高教学以及最终促进学生的学习上面。**

可以运用技术来解决的样本问题：缺乏学校范围内统一的小组教学指导（由阿斯拜尔公立学校联盟提供）。

这几个月以来，我与一个教师团队进行合作，该团队认可差异化的小组教学是他们提高学生成绩最有效的方式，但是该校的一些教师每天只指导一两个阅读小组，而另一些教师不知道如何把他们的课堂活动安排得紧密，从而使小组教学能够有效开展。

解决办法：推行“机房转换”以支持教师开展小组活动。

我们制订了一个计划：在进行阅读指导时，安排班级一半的学生利用机房的计算机，补习数学和英语语言艺术这两门课程，或提高这两门课的成绩。而与此同时，上课的教师可以把注意力集中在三个面授的阅读小组上，对他们进行训练和指导，并安排剩下的学生进行自主阅读。通过这样的方式，教师就会感到，在他们的管理下，小组的学习效果更佳。

重要建议：专注于问题的解决！

制订计划之初，教师对这个新计划全身心投入，十分兴奋。接着，一名教师提出：她只想教授英语语言艺术和社会学这两门课，理由是如果教师可以专攻一个领域，课堂设计会做得更好。我的回答是：你们学校规模不大，如果教师专攻某一领域，那么他们就必须在这个领域一直教到三年级甚至是四年级。教师们没有打消这种念头，因为他们盘算着如果只需准备两门课，那么就会轻松很多。所以，我们再想想这个问题：如果教师只专注于教学内容的话，能解决他们的首要教学问题吗？换言之，专注于教学内容将会有助于他们改善小组学习吗？答案是否定的——教师与学生在内容为核心的课堂上接触的时间将更少（因为学生的日程安排将被占满，没有独立自主的学习时间），这样他们将会在有关小组学习方面面临与目前一样的挑战和障碍。虽然这样的探讨对团队来说是很重要的，但是让混合式教学的团队明确问题是什么，能够帮助我们把注意力放在解决问题上面。

可以用技术解决的代表性问题：从小组教学中受益的学生数量远远不够。

在我们的一所学校里，我们询问教师每天分出多少个不同的小组，而且询问他们是否认为分出更多的小组有助于学生成绩的提高。教师们一致认为，分出更多的小组会提高学生的成绩。但是，考虑到课堂的种种要求，教师们不知道如何才能分出更多的小组。

解决办法：推行“课堂转换”以推进不同的小组活动。

我们使用数据（小组的数量），来设定混合式教学的目标，在此基础上增加每天所分的小组数量。然后，在期中时我们数出教师分出的小组有多少，结果分出的小组数量是我们一开始时的两倍。但是我们仍需分析学生的成绩数据，来搞清学生是否比以前有更大的收获，令我们备受鼓舞的是，我们最终看到在我们课堂上，有越来越多的小组教学活动。

重要建议：合理地安排计划，使教师达到所设定的目标。

一开始，我们让教师们自己决定如何安排时间，以便在混合式教学期间分出更多的小组。虽然一些教师为能够自主安排课堂计划感到高兴，但是许多教师为如何处理课堂的流程而犯难。有时，问题从“我们如何才能分出更多的小组”变成了“我如何才能为学生挤出时间去操作计算机”。如果你没法提供一个可操作的样板，那么你如何才能期望其他教师像你一样赞成混合式教学，并使之成为现实呢？请参见周计划表样本（见附录10和附录11）。

可以用技术解决的代表性问题：根据内容的要求，教师把学生分成不同的层次水平。

高峰公立中学联盟坐落于旧金山圣弗朗西斯科湾地区的一所特许管理组织，它希望重新设计它的教学模式，以确保所有的毕业生能够掌握他们所需要的学科知识，避免上大学后补习有关课程。

解决办法：高峰公立学校的教师为每门学科和课程创建数字化的内容，并以此为框架，可以使学生和家长看到每一节课的完整内容。

针对每一单元的内容，高峰公立学校创建了一个线上播放列表，共享了教学资源，并且给出了简短评价，这样学生就可以在需要时进入该评价系统。最后，高峰公立学校开发了自己的“个性化的学习计划”应用程序，该程序为学生访问课程内容提供了框架。乔恩·迪恩是高峰公立学校信息中心主任。他说：“如果我们真正想实现学生的自主学习，想让学生在学科知识上保持较高水平，那么就要提供给他们随时可以开展学习的工具。学生应当随时看到自己掌握了什么内容，什么是还需要掌握的，并且有相应工具来辅助学习。”

重要建议：制订基于能力的教学组织方法要求教师通力合作来明确必学的内容，创建一个强大的评价系统，更重要的是树立一种“学生自主驱动学习”的学校文化。一旦你设定了目标和评价系统，就可以设计教学大纲来规划学生的学习。

尽管在设计混合式教学模式时，应该考虑整个学校或学区，但是为了实现高质量的混合式教学，学生的学习成绩应该是你关注的重点。思考一下，你的学生最需要什么，并且把他们的需要按优先级排好，明确你想“借用”技术来解决的教学问题。学生们在阅读理解方面遇到问题了吗？所有的学生按照他们的年级水平熟练掌握数学或在数学方面达到高级水平了吗？乔恩·迪恩是位于圣何塞市高峰公立学校的信息中心主任，他提出了下面的观点：

当我们高峰公立学校第一批毕业的高中生进入大学后的第四年即将毕业时，我们深入了解了他们完成大学学业的有关数据。从我们自己的毕业生那里收到的反馈说明，完成大学学业的最大障碍就是要参加大学的补习课程，尤其是在数学方面。我们采用混合式教学模式来更好地帮助学生，为他们打好数学基础，使他们在大学期间不用参加补习课程。

学校、学生、教师、家长的需求是什么

克里斯·梁·维加拉，原任新奥尔良的福斯特兰学校联盟“个性化学习教学技术”的主任，现就职于飞跃创新公司，他建议，让学校所在的社区也参与这种新模式的建立，并根据该社区每一个人的不同需要来进行设计：“通过采访了解学校领导层、教师、后勤人员、家长和学生的需要，然后根据用户体验创建这种新模式。通过采访，了解人们差异最大的需要，然后画图寻找共同点或者趋势。通过与教职

员工的交谈，这些需要和趋势将有机地呈现出来。”不同的参与者都会做出重要的贡献，使你从一开始就能有所收获。

衡量混合式教学成功的标准是什么

技术的使用和操作计算机花费时间的多少并不是衡量成功的方式；要考虑学生的成绩、小组教学的提升、额外课程的设置、有天分的聪明学生的成长机会、教师本身的可持续发展，把这些作为可能、可行的测量值都考虑进去。汤姆·威利斯是位于底特律市基石特许学校联盟的首席执行长官，他给出的解释是：

学习才是我们关注的重心。简单地说，我们想要大大推动我们学生更好地学习。

我曾一直对虚拟学习或在线学习抱有怀疑的态度，因为我们对这类学习的需求量相对小（即，只对某些孩子来说效果是好的），但是对于我们来说，混合式教学这一理念在全世界都行得通。

同样，在衡量是否成功时，要考虑对教师的影响。凯伦·沃斯库尔以前是加利福尼亚州圣何塞市美国火箭教育公司的教学创新中心经理，她的分享是：

我们衡量成功的另一种方式就是对教师是否有提升。当计算机做某事的效率比教师自己做更高时，例如评价、数据的搜集以及把内容“标记”给一个可能最需要该内容的学生时，教师便会感觉混合式教学模式是成功的。我们教师喜欢的一点是，当计算机把提醒消息发给学生时，教师就可以给学生提供现场干预或实践项目的建议。

不要被工具或者设备所干扰

在这一过程中，一定要把你的注意力聚焦在学习上。当然被“花里胡哨的东西”所吸引是非常容易的：平板电脑、电子游戏、触屏电脑以及漂亮的电脑界面。

技术产品对成人和孩子都具有非常大的诱惑力。人们只要去看看苹果平板电脑在学校中的激增，就能意识到工具对我们的影响已超出我们的想象。然而，没有计划或者没有需要解决的问题就盲目使用工具，说得积极些，是在进行实验，说得糟糕些，就是在浪费时间与金钱。

请认真考虑下面出现的情景和其隐含的问题，在启动新模式之前，这些都可能会使事情复杂化或者破坏你的实施。

情景1：琼斯校长想要给所有的高年级学生配备苹果平板电脑，为他们上大学做更好的准备。拥有这些移动设备将使学生在做研究时能够在线上寻找内容，可以把论文提交给他们的教师，并可以获取任何共享的教学资源，这些资源是教师搜集的，用来补充课堂所学的内容。

潜在问题1：校长只是通过技术的使用来定义学校是否已做好准备，但是却缺乏目标性或战略性。实际上，只通过技术的使用是不能为学生做好上大学的准备的。

潜在问题2：平板电脑和教师的关系本末倒置。对于教师会如何使用这一技术没有清晰的计划，因此，实施起来十分依赖技能最好的教师，而且他们还要全力以赴。因为成功不可能被量化，所以教师就可能会分心，无法关注他们的核心目标。

潜在问题3：随着时间的推移，新技术迷人的光环就会逐渐地消失，无论是多么厉害的设备，用过之后似乎也没什么。依赖技术会受到它固有的约束，一旦技术的魔力消失，学校领导可能会发现自己陷入了一种困境。

情景2：数学教师建议，当学生们使用基于数学内容的电子游戏来进行教学时，学生便会爱上数学，而且还要求校长为全体学生购买数学软件，作为课堂教学的补充。

潜在问题1：上面这个情景把“热爱数学”（在游戏上）与假定的“不热爱数学”（在教师看来）对立起来。经验不足的教师可能会为了向孩子表达更多的爱而放弃他们对班级的控制和权威，而不是改进自己的教学技能，以激发学生对数学的兴趣和培养他们对数学的热爱。

潜在问题2：学生的成绩数据可能无法表明数学成绩有提高的需要。对技术进行战略性的有效利用时，意味着关注这些数据，找出什么是最重要的，并判断成本与需求是否匹配。把学校50%的软件预算花费在数学游戏软件上（更不必说实际的设备是用来玩游戏的）是不合理的，无助于学生成绩的提高。

潜在问题3：承诺未必总是真的。并不是所有的软件都符合标准，尽管许多软件商都自夸其产品符合“国家标准”，但是值得深究的是，这里所说的“符合”的准确含义是什么。如果一个软件的数据面板功能不够强大或者该软件不能明确说明学生要掌握的具体标准，或者软件设置的问题和游戏不符合标准，那么你可能把宝贵的教学时间都浪费在这些事情上，而这些事情是无法提高学生的学习成绩的。

尽管这些情景是虚拟的，但是对这些情景的担心并不是空穴来风。总之，请记住下面的警示：

- 技术是用来提高教育成果的，而不是作为教育目的的。
- 首先，由参与这项工作的教师来计划实施，然后，再来推广能实现该工作的技术设备。请不要想当然地认为，只要该技术设备搬到教学楼，教师就会或者应该会搞清楚它是如何使用的。
- 技术的吸引力会逐渐变弱，请让教师专注于如何使他们的教学有吸引力，而不是依靠软件来吸引学生。
- 利用学生的成绩数据，来确保用来购买软件和硬件的每一分钱都花在最需要的地方。
- 对“符合国家标准”提出质疑，并请有专业学科背景的人仔细地对内容、评价项目以及实际数据的输出进行审查。

让试点运行给我们提供经验

在开始之前，请遵循下面这一条很重要的建议：请先试点运行一下你计划所采用的模式。这一工作极其复杂，但与此同时，它也提供很多的学习机会。其中一些经验教训很重要，不过数量不多，可以最终学习并全面推广。而另一些经验教训，其影响是巨大的，如果不知道的话，会破坏整个推广；这些教训和问题在试点当中，得到较好地学习与解决（请参见表1.1）。为了高质量地完成混合式教学模式，需要进行试点！费城马斯特特许学校联盟混合式教学经理人尼斯·托马

表1.1　在进行试点时，学习的教训实例

低冲击力经验教训（无论是小规模地开展还是大规模地开展混合式模式，都对学习有帮助）	高冲击力经验教训（虽然一开始对于较小的规模是更有利的，但是对于全面推广并非如此）
教师要花费比预期更长的时间，调整适应性的学习技术，而且最初可能更喜欢把大部分的工作布置给学生，让他们进行在线学习（如果技术条件允许的情况下）	在进行混合式教学之前课堂管理能力就很一般的教师，在混合式教学实施期间，其情况会变得尤为糟糕（而且更难对课堂进行管理）
学生混合式学习的时间表没有留出足够的上机操作时间，以便移动成绩数据	学校技术的基础设施（既包括网络也包括带宽）不足以支持混合式教学运行后设备数量的激增
软件不符合学校的需求	教师们不可以大批量地为学生创建账户，而只能一个一个地创建
虽然学生已经上机学习了，但不是所有的教师或负责人都如原先想象的那样自然而然地具有了“混合式教学”的理念	在现有的教职工范围之内，学校没有为教师和学生提供足够的上机操作的技术支持
学生并不总是在做教师要求他们在上机时要做的内容	学校还未出台合理、可接受性的使用政策、电脑安全政策和密码安全政策
教师无法厘清如何使用混合式学习的数据，因而对之不予考虑	学生还未充分地了解上机操作时的程序和流程
	学生登录计算机所耗费的时间比你认为的时间要更长或是长得多

斯说道：“小规模启动，找到一种基本模式，然后再大规模开展。”这一点我们非常赞同。从长远来看，试点将节省金钱，因为即使出错，其花费的成本也是较少的。

一般而言，获得高冲击力经验教训，无论是在时间上还是金钱上都要付出更高的代价，而且从一开始，就可能妨碍学校有效地开展混合式教学模式。

因为运作混合式教学是一种代价高昂的尝试，所以我们极力推荐先试点，以便更好地理解学校的具体需要与挑战。我们之前所进行的试点质疑了我们许多的设想，而这些想法是我们原以为可以起作用的。而且小规模地进行混合式教学的试点为我们在全校范围内推行节省了大量的时间和金钱——但并非我们在这一过程中没有犯许多的错误！

在本书中，不论是小范围地进行试点，还是在全校范围内大规模地进行转变，要注意的问题与事项都是一样的。

如何评定工作成果

为了衡量每个试点的成果，我们草拟了一份关于评价试点的评价量规（请参见表1.2）。该量规虽然仍需继续完善，但是它使教师和校长对通过试点来了解混合式教学模式是否适合学校，有了更清楚的认识。

没有经验，如何获得支持

我们假定你选择阅读本书是因为你已经决定开展混合式教学。但是，你还需要通过阅读本书，了解是否需要聘请咨询顾问，以帮助完成这项工作。一些混合式教学咨询顾问可以提供的服务，如对需求进行评估，为教师提供职业发展的建议，提供软件兼容、数据整合以及后续的支持。在一开始启动的时候，我们聘请了一名咨询顾问，但是现在我们自己做这些工作。大家可以这样想：咨询顾问就好像是婚礼策划师。如果你从来没有策划过一场婚礼，你或许会觉得，一路走来的每一步婚礼策划师都给你提供了莫大的支持。而其他人或许对他们自己的需要和想法有一个清楚的认识，而且也有时间和能力来亲自策划他们自己的婚礼。这完全取决于你是否需要从外部聘请一组人来帮助你开展工作，还是从内部就能找到有能力的人来帮助你。关于这一点——无论是混合式教学还是婚礼策划，是没有所谓的正确答案的！

表1.2　评价试点的评价量规表

适合（该内容是如何适应阿斯拜尔的教学大纲/教学项目和教学目标的呢？）

- 执行方案是符合阿斯拜尔的教学方法的。
- 方案是符合战略和首要任务的。
- 数据与阿斯拜尔的其他数据无缝对接。

经济因素（经济因素如何使混合式教学对阿斯拜尔来说很有吸引力呢？）

- 从长远来看，该方案是节省金钱的。
- 硬件成本不会超出当前的预算或是资金筹集能力。
- 软件成本不会超出当前的预算或是资金筹集能力。
- 培训成本被记入软件成本或当前专业发展的预算里。
- 信息技术的维护费用不会超出当前的预算或是资金筹集能力。

对师生的影响（在课堂上，我们需要做些什么，可视之为成功？）

- 课堂管理安排紧凑，因而上机操作的学生自始至终100%在完成任务，而且100%的学生在收到直接指令之后，都在忙于完成任务。
- 在线上时，有100%的学生参与进来。
- 在课堂之外，80%的学生在线上参与。
- 教师每周检查并使用学生的数据。
- 教师对方案的使用和支持表现出强大的自信。
- 学生成绩因为线上的表现，而有所提高。
- 试点表明，如果所有要求均达到或超额达到，那么有可能会增加学生的负担或者有可能要扩大班级的规模。
- 所进行的试点工作没有加重教师们的负担使他们筋疲力尽，反而使教师们的教学更加轻松。

可行性（我们必须改变多少才能真正实施呢？）

- 实施步骤和组建团队要求对现有的流程和团队产生最小的影响。
- 技术要求（带宽、技术支持、房间布线）是可达成的，使其影响降到最低，或把信息技术服务费的成本降到最低。
- 鉴于现有的设施，对设施的要求（教室的空间、技术的存储）是最低的。
- 鉴于现有的总计划表，对其他课程的影响是最小的。
- 鉴于现有的流程与团队，对整个阿斯拜尔的影响是最小的。

获取“徽章”

有决心的决策者

- 集合你的团队，明确你想“借用”技术来解决的教学问题。
  - ★ 对于需要专注解决的问题进行描述
  - ★ 通过设定想要达到的具体目标，确定可衡量的结果
- 对照相关的学生成绩和教师数据，检查你的教学问题，以确保问题符合你的真实需要。
- 问自己和团队这样一个问题：你的教学问题可以不采用技术手段解决吗？如果可以，就要质疑你对问题的选择，如果必要的话，可修改这个你原计划想要解决的问题。
- 记录下你的问题，以便之后进行分析和反思，从而使团队在这个过程中不会忘记这个问题。
- 请关注试点的运行情况，这样在整个学校推广之前，你就可以从低冲击力的错误中汲取经验教训。

——— 第 2 章 ———

十大准则告诉你：学校准备好了吗

我们发现，在阿斯拜尔并不是所有的学校准备好进行混合式教学的。

每一年，我们都可能遇到一些事情，如换了新校长、人员流动、大楼搬迁、学生成绩的提高或下降或者其他的一些事情，都有可能使学校进行不了混合式教学。但这并不意味着这所学校将永远不能做好准备——仅仅是现在，这所学校还没有准备好。多年以来，我们首要的目标是通过一系列的条件，来看看学校是否准备好进行混合式教学，从而挑选出真正下定决心准备启动这种新模式的学校。在本章节里，我们将讨论十条具有指导意义的准则，以帮助你认真地评价你所在学校的准备情况，即学校是否准备好进行模式的转变。

准则1：学校的领导力如何

决定你是否准备好进行混合式教学的最重要的准则就是学校领导力，这也是为什么我们会首先关注这一准则。提问关键性问题是评价学校是否做好准备的最好方式之一，问题如下：

校长或学校领导准备好进行混合式教学了吗？

你的领导团队有能力立即做这项工作吗？

学校的影响力体现在什么方面？

学校有影响力的人和学校的领导层达成共识了吗？

我们根据一系列的标准，来挑选进行混合式改革的学校，但是，与其他标准相比，我们更看重的是学校里的人。校长的领导力可以促成或者破坏混合式教学模式的实施。

尽管我们坚信，教师是领导者，但是我们也相信，混合式教学最初并不能够由课堂上的教师来引领，如果校长不赞同这一模式，单凭教师个人在学校里开展混合式教学模式是毫无意义的。混合式教学涉及很多重要的依赖关系——尤其是要依赖技术团队、学校整体的支持以及规模扩大导致的经济因素，因为规模扩大会对成本产生巨大的冲击，因此混合式教学不能从一个课堂的开展可持续性地推广到整个学校。

金·百纳罗来自阿斯拜尔泰坦学院，他是我们开展混合式教学的校长之一，他解释了校长在混合式教学的实施中所起的作用，他这样说道："如果你想开展混合式教学，就要知道学校的未来将会完全改变。而且这不是可做可不做的事情，也不是愿意不愿意做的事情。"尽管这样的建议一开始听起来很吓人，但当你着手这项工作时，请记住这是很重要的。我们曾经询问学校领导是否对混合式教学有兴趣（即使他们一开始保持着谨慎的兴趣），而且了解领导与教职员工之间是否有很好的默契，领导是否有能力承受学校的巨大改变。询问他们混合式教学是否符合学校当下的关注点。开展混合式教学时，是什么使他们激动，而又是什么使他们害怕。如果我们感觉校长会因学校其他的问题和挑战而分散注意力，失去对混合式教学的关注，或者当技术问题出现时校长无力督促教师改变教学方式，或者校长可能并不是完全想遵照方案进行，那么我们就认为学校还未做好进行混合式教学改革的准备。因此，强大的领导力是至关重要的。

请注意：校长使用技术的能力不是最重要的。有一些使用技术的校长，他们并不认为自己是“早期使用技术的人”，也不是特别经常使用技术的人。校长不必有很强的技术背景，但要有乐于学习的精神。在第3章中，你会发现更多的方式帮助校长使用更多技术。

混合式教学对任何学校都是一件大事。如果没有强有力掌控大局的校长和可以进行深入沟通的教职员工，那么这项工作就会变得非常困难，并且容易遭受多方面阻力。

准则2：教师要做好准备

在进行混合式教学的过程中，教师也是至关重要的。我们所寻找的教师是，对于运用技术服务于学习，抱有理性的怀疑态度。许多人认为青年教师更加精通技术；然而根据我们的经验，这未必一定就是事实。请思考以下这些问题：

教师做好进行混合式教学的准备了吗？你是怎么知道的呢？

教师对于模棱两可的说法能够泰然自若吗？

教职员工有愿意改变的开放态度吗？

教职员工对于领导层工作重点的关注程度如何？

在教职员工中，是否有“早期使用技术的人”，并已经亲自尝试使用了一些技术工具？

我们想要聘请的教师，无论是在混合式课堂上，还是在非混合式课堂上，都按照同样的方式进行：教师坚信我们所有的学生都能“一定上大学（College for Certain）”（阿斯拜尔的校训），对差异化教学感兴趣，而且，作为专业人士的教师，对不断学习新东西具有开放的心态。在我们学校，教师已经利用各种软件去查考勤、记录纪律处分、记录成绩、管理评估、分析学生的成绩、发掘课程资源以及参与教师自己的职业发展和观察活动。我们知道教师有继续学习新技术的能力，而且我们也有义务来帮助教师，给予他们一些必要的支持，以便更好地运用新工具。

当开始这项工作时，我们发现了一些有趣而令人吃惊的事情，那就是最热切渴望进行混合式教学试点的教师，并非都是我们在试点所选的最佳教师。尽管学校有“早期使用技术的人”对学生进行技术辅导，并且这些教师已经使用了一段时间的数字化工具，但是这样的教师或许不是参与试点的最佳选择。（如果这位教师使用的工具或者其做法在经过了一段时间之后，还没传遍整个学校，那么这位教师可能不是合适的人选。）

但是，我们也发现，最成功的混合式教学的教师有以下特点：

- 接受不确定的事物，并承担一些风险。
- 在一个重组结构的环境中，行使职责。
- 在一定的限制内，反复改进，以便了解什么是最有效的。
- 放弃一些控制权。
- 为学生创造新的机遇。

一般来说，在某种程度上，进行试点的教师都拥有这些素质，而且这些素质确实都是必须具备的，因为改变很难。一些教师在进行混合式教学的早期阶段就表现出这些素质，另一些教师会随着时间的推移也学会这样做。我们对现有的学校进行混合式教学模式转变，在两年内逐步采用混合式教学，在第一年里，我们发展6-8名教师进行试点，在第二年里，剩下的其他课堂全都进行试点。我们第一年进行改革尝试的教师要拥有这些素质，这是至关重要的，因为经过一段时间之后，他们会把这一文化传播给在第二年进行改革的教师。

KIPP基金会的安纳本·巴特查里亚曾经对启动混合式教学给出过这样的看法：

几年前，我们并不真正知道如何开始。因此，我们和我们的校长以及我们实力最强的教师负责人，一起在不同的课堂上，启动了十几个不同的小型试点。我们挑选最出色的教师，因为我们认为技术也有不奏效的时候，当遇到困难时，我们需要有人控制好课堂。我们和校长一起合作是因为我们知道，最终我们想让他们负责整个学校的改革。

如果从一开始启动混合式教学模式时，你不是与实力最强的教师进行合作来开展工作的，那么如果试点失败（或是没有任何定论），你就会质疑到底是教师还是试点的结构出了问题。

准则3：随时关注学生成绩，做好记录

当选择第一所开展混合式教学的学校时，我们寻找的是学生成绩优秀并且仍有上升空间的学校。我们相信，如果学生的成绩稳步提高，那么学校就会坚定地承担这场大变革。我们并不想把混合式教学当作万能钥匙，来“解决”学校里一切学生成绩问题，因为我们认为这种态度传递的信息是，技术可以解决教师解决不了的问题，或者技术就是解决所有问题的“神丹妙药”。如果技术被引入学校以促进和支持已经进展得很顺利的事情，那么技术就能取得成功。但技术不能解决学校文化、课堂管理或不均衡教学等问题。这些问题需要学校领导团队自己解决。

学校对学生成绩的记录能够很大程度上说明学校的关注点和稳定性以及学校取得成功的潜力。请考虑以下这些问题：

学生在校期间的成绩记录是什么？

学校领导与教职工通过什么方式表现出对学生成绩的关注？

学校今年与过去几年有何相似或者不同之处？

然而，自从我们的第一所学校进行转换以来，对学校学生成绩记录的作用，我们有了不同的看法。最重要的不是学校记录本身，而是校长与教职员工对于学生成绩是出于真心的强烈关注。如果学校（或者校长）只是偶尔关注学生的成绩，并且经常受到干扰，那么，在我们看来，这所学校现在还不适合进行混合式教学。如果一所学校一直

不断地与自己的校园文化或学校问题做着斗争，并妨碍了他们关注学生成绩，那么这所学校就还未做好开展混合式教学的准备。鉴于我们学校学生的成绩在所有学校中并不拔尖，我们就要弄清如何在那些并非处于上升期，但是学校领导力比较强，而且学生受益于混合式教学的学校开展这项工作。

最近，我们实行新模式的学校由于各种原因，把学生的成绩记录搞混了。现在，在一名强有力的校长领导之下，我们在该校采用了混合式教学，来支持校长和领导团队为改革所付出的努力。我们没有立即把计算机引入课堂，而是以形成更加个性化的教学与学习环境为目的，利用机房给师生提供每天一小时的操作适应软件的机会——适应性软件，即基于用户首次使用时的摸底测验和后续成绩，适应每个学生个体理解力的一款软件。我们把每位教师的课程一分为二,一半学生上机房，而其他的学生则留在班里，教师只把注意力放在三个进行阅读面授的小组上，和培养增强小组自主性的班级文化上。按照这一方式，我们利用混合式教学，支持和提升教师的能力，提高小组的教学效果，混合式教学是我们非常重视的一种教学策略，我们也把它当作差异化教学和目标教学的最重要工具，而且它还能够提高学生的成绩。小组教学可以使教师根据小组的需要，来进行分组并设计差异性的课程。教师不能有效地和高效地培养他们的小组教学能力，提升全班学生的成绩，这是一个教学方面的问题，但是我们可以通过技术来解决。在小组的教学工作方面，不是所有的学校和我们有相同的关注点；对于他们来讲，教学问题会有所不同。

准则4：教师要乐于改变

学校的教职员工要想成功地改变教学模式，必须尝试混合式教学。对于许多教师和校长来说，混合式教学所带来的改变是质的飞跃性转变，要实现教学实践的转变也需要巨大的力量。无论要完成什么事情，教师的参与都至关重要，如果没有教师们的认同与支持，那么你完成的效果将会大打折扣。请自我提问以下这些问题：

教职员工赞同吗？

学校对混合式教学有兴趣吗？

参与的教师对混合式教学有兴趣吗？或者对此是否有经验？

校长对混合式教学感到兴奋吗？

目前，教职员工有积极性吗？混合式教学能够提高并促进该积极性吗？

现场有精通技术的人员帮助实施试点吗？

我们并不期望教师们愿意立即做这项工作；相反，如果教师过于迫切，我或许还会有点担心。收集数据，了解教职员工对于混合式教学的看法和开展混合式教学的兴趣，这只是万里长征的第一步。理解教职员工的想法和顾虑，并评估你是否有能力来消除这些顾虑。请记住，教师与学校领导的想法，会随着时间的推移而发生改变，请站在战略的角度上，思考这样的问题：谁应该领导这场变革呢？召开一次启动大会，从一开始就传达相同的信息，使每个人都表示赞同。

GO Blended!

汲取的教训

最近，在申请“力争上游”教育改革计划资金（由联邦教育部资助的关于数字化学习的经费，竞争激烈）的过程中，我们接触到了一些来申请的校长。我们只有很短的时间制订混合式教学计划，然后给校长展示，最后校长再给教师展示。许多校长还未听说过混合式教学。一些校长很激动，并说服教师相信混合式教学是最佳选择。其他校长也特别紧张，怕老师们听说之后会产生不满，或者觉得混合式教学的效果还未经证实。一些校长跃跃欲试，积极踊跃地参与申报，号召教职员工投票，并压倒性地投票支持混合式教学，但是另一些校长并非如此。最终，我们没有获得这个资金；如果我们真的获得了，一年之后可能是另一番情况了：因为我们问到的学校都已经准备好了混合式教学，也对这项工作深有了解，并且很希望做这项工作。现在，每次有资金申请机会出现之前，我们会经常地与教师和校长进行探讨，讨论他们感兴趣的混合式教学模式的开展，这样校长和教师可以在脑海中记住混合式教学，把它当作今后工作潜在的发展方向，不断对混合式模式进行思考。

开展混合式教学模式时，有一群心甘情愿努力干活的人一起启动小范围的试点，将更具有意义，特别是如果你并不确定开展混合式教学模式对教师和学生是否是个正确选择的时候。来自基石特许学校的汤姆·威利斯解释说：“在我们的一所中学里，进行了一个涉及数学和英语课的小范围试点，因为他们乐意并且觉得有必要尝试。一个范围小并经过精心策划的试点是一个很好的开端。”

参观其他学校是一种风险很低的方式，既可以获得支持，又可以帮助教师想象在自己学校开展混合式教学将会是什么样子。我们接触了其中的一名校长，讨论了她感兴趣的混合式教学，虽然她本人对此充满热情，但是她并不确定教师们是否会接受。这位校长确定了一名她认为有影响力且意志坚定的教师，校长认为该教师可能会提出尖锐的批评，也可能会对此积极地拥护，虽然对于混合式教学感兴趣，但是仍怀疑这种教学改革，也质疑混合式教学课堂的学生人数是否合理（应达到30人，而她现在的班级规模是22人）以及怀疑学生上机时会做些什么。我陪同这名教师拜访了一所混合式教学的学校，参观学习了该模式的运行情况，与教师们交流并询问了我们最关心的问题，并设想在学校开展该模式时，我们需要做一些什么改变以支持该模式。最后，教师和学校领导的解答打消了这名教师之前的顾虑，因此当回到学校时，她向同事极力推崇该模式，并成功地说服他们同意进行尝试。

最后，看一下教职员工应对挑战的能力。他们是否通力协作？他们适应性强吗？学校领导是否已组建相互支持的领导团队？在这个过程中，教师需要来自校方领导的支持以及同事之间的互相支持。你肯定要确保自己已经获得来自教职工的足够支持，当获得了其他人的支持时，才能投入到该工作之中。马克·蒙特罗是阿斯拜尔泰坦学院的教师，进行混合式教学已到了第二个年头，他认为：“混合式教学在我们学校发挥作用的原因是因为我们学校从上到下都保持一贯的一致性。”他的同事劳尔·冈萨雷斯补充道：“教师需要融洽相处，并围绕混合式教学展开协作。”

准则5：学校要保持稳定

由于人员的流动、领导层的变动、教学重点的变化以及其他因素，许多学校每年都发生变动。换句话说，一所学校进行巨大的变革或发起一个新计划，在有些年份困难重重，而在有些年份却比较轻松。一所稳定的学校往往比一所处于变动中的学校更能够顺利地开展大规模的变革。请思考以下这些问题：

这所学校处于过渡时期吗？

你是否有一个核心教师小组？该小组的教师准备好去做这项工作了吗？

你现在关注的是争取新教师的同意吗？

最近的人员流动是否预示着一个更大的问题需要你解决？

你学校的文化是在不断变动吗？

当我们询问这些问题时，答案通常既是肯定又是否定的。一所人员流动率高的学校可能不适合启动该项工作，因为人员的流动可能意味着这所学校有深层次的问题。我们不会让第一年刚成为教师的新教师进行试点工作，因为新教师面临诸多挑战，而混合式教学只会加重这些挑战。我们的确在混合式课堂上有常驻教师。当然，当我们新开一所学校时，我们的教师都是新老师（其中一些是第一年任教的老师），但是，当学校进行混合式教学模式转换时，我们所选定的这些教师，都是在第一年里就能够很轻松地承担该模式的教学的人。

在第二年的改革中，我们让新教师与一开始就参与的教师一起，从头开始开展，并获得成功。其关键就是，让最强的教师团队帮助那些新教师来成功实施这一过程。

准则6：让学校文化为混合式教学做准备

作为一个组织，我们同意彼得·德鲁克（现代管理学之父）的一句名言“文化把战略当早餐吃掉”。阿斯拜尔文化是强势的，贯穿于我们组织和收录在本书的其他学校和地区组织。在混合式教学的背景之下，学校文化对于我们开展混合式教学的能力产生了较大的影响，因此不妨问一问以下几个问题：

学校文化的影响力有多么强大？

现行的学校文化有多么积极向上？

学校文化如何帮助学校为混合式教学做好准备？

在阿斯拜尔学校，学校文化在班级层面、学校层面以及整个组织层面上都是至关重要的。一个强大的、始终如一的学校文化，如“一定上大学（College for Certain）”的校园文化使得校长可以让教师们致力于最大限度地提高学生的成绩，并把它看作是工作的重中之重。我们认为每个学生都应该有机会上大学，而我们的工作就是帮助他们准备好上大学时所需的技能。我们的校长不用花时间“说服”教师认可此工作的重要性，这使得决定权更加流畅化，而且有助于负责人避免每年启动全新的校园文化（新的校园文化可能很难被大家认可）。在运用技术引领学校变革的过程中，校园文化起着非常重要的作用，这是毫无疑问的。

准则7：改进学校的技术使用

关于技术，学校文化也相当重要，当学校的技术投入越来越多时，你将发现有些习惯可能需要改变。最初，技术并没有引起我们足够的重视，而且在一些学校里，学生甚至是教师都不会承担起保护机房或教室设备的责任，而是听之任之。因为技术并不可靠，所以教师对于把技术运用到教与学中兴趣不大。当设备出现故障时，技术团队经常不能照顾到，如此这般，损坏的设备越积越多。不是所有人都读过我们所制订的可接受的使用政策，因此人们只是偶尔才会去做。请思考这些问题：

当前，师生是如何使用和对待技术设备的？

学校的技术使用文化是什么？该文化是积极正面的吗？是否合理可行？

当前，是谁负责学校的技术使用文化？

你制订了技术使用了什么政策？

通过仔细观察技术文化，你将能够找到需要改进的方面，如果这些方面得到解决，就能对你成功开展混合式教学产生巨大的推动作用。

准则8：建立技术团队，完善基础设施

由于你将要与技术团队合作，完成许多必要的技术性工作，以便开展混合式教学，因此你应该对当前的基础设施和团队关系进行认真的评估并确定需要注意的方面。以下是一些有意义的问题，包括：

你是否有一个可靠的、迅速反应的技术团队？

你的技术基础设施是否可行？

你是否具备必要的带宽条件？

你具备开展E级计划的资格吗（E级计划是由一项由通用服务基金资助的学校与图书馆计划，该计划为学校提供互联网接入的资金资助）？如果具备，你支持E级计划的实施吗？

网站是否有可供使用的设备以便进行混合式教学的试点？

学校的网站是否可以升级为高速带宽？

学校网站的局部网络的基础设施是否能够应对在实施过程中的大幅度增长？

你是否拥有技术方面的人才，在设备发生故障时能够提供技术方面的支持？

当开始这项工作时，我们学校只有3Mbps的网络带宽来进行传输，这比当时大多数家庭的网速要慢得多。当遇到同样开启混合式教学旅程的人们时，我就会问他们网络带宽是多少。如果他们不知道他们的带宽是多少，我就会知道他们将遇到比我更大的麻烦。因为我们知道技术实施的首要任务就是必须升级我们的带宽，另外，我们有一个技术团队，它主要的任务就是维护网络以及排除故障。当时，我们没有有效的电脑桌面帮助服务系统，也没有对现有的网络进行升级换代的清晰的计划。

这样，技术其实就是一项团队运动，与你的技术团队一起协作是至关重要的。当一些令人困惑的事情发生时，你会迫切地需要他们，而且希望得到他们的支持。同样，你的技术团队能够发现，给孩子带来更大的影响力是一件激动人心并能带来满足感的事情。

我的建议：技术支持不能外包。这些人都是这段旅程中的合作伙伴。我们启动混合式教学的第一步就是真实地（往往是非常痛苦地）评价我们每所学校的技术基础设施，从专业的角度，对网络进行整体的评估。我们的技术团队率先带头，但是之后为了获得有关网络更多的专业知识，我们也寻求外部组织的帮助，例如“教育高速公路”（教育高速公路是一个非营利组织，致力于保障美国从幼儿园到高中所有基础教育的公立学校，为开展数字化学习，安装上必要的因特网技术设施）。我们了解到只有改变教室的网络配置以及服务器的配置，才有可能升级我们的带宽（以提高网速，运行数字化学习的软件）。在某些情况下，即使一些学校改善了网络配置，但是如果邻近学校之间的宽带传输不是很畅通，那么也无法升级他们的宽带。这项工作花费巨大，且有时非常折磨人，但是，这又是必须要做的。

关键理念

了解你当前技术存储容量和技术预算是多少，这样你就能够做出最好的判断，确定在什么地方启动这项工作，并为短期目标（混合式教学试点的启动）和长期目标（考虑到不断增长的技术需求，全面升级基础设施）进行战略性的安排。

务必思考下面的问题：

• 你的技术团队当前的作用是什么？他们有什么能力，使他们能够支持技术基础设施方面的大幅度增长？你的团队中，是否有一名经验丰富的网络人才？

• 升级一所学校或多所学校的基础设施，花费的实际金额是多少？这些升级都符合E级计划的条件吗？如果你不仅仅负责一所学校的网站，那么就得探讨一下，你是否可以通过立即升级多所学校的网络，获得成本效率。对E级计划的进一步介绍，请详见第9章。

你需要一个可靠的企业无线网络和可以立即接入学校的尽可能高的带宽，而且如果过于缓慢地提升你的长远需求，那么你将为昂贵的变通方案和恼人的技术难题付出更大的代价。在开始启动之前，做好一切你可以做到的，去进行全面的升级。有关技术基础设施的更多细节，请参见第9章。

准则9：保障发展潜力

试点时，所用到的设备在数量和类型方面，可能与大规模使用时有很大不同，而你始终需要关注如何支持今后更大规模的发展。请你考虑当前的实力、可利用的空间以及存储的限制，来确保将来还有能力扩大规模。请思考下面这些问题：

教室有空间来安装永久的移动笔记本电脑手推车或笔记本电脑桌吗？

教室里有足够的空间来扩大班级的规模吗？

你有时间来安排机房吗？

试点可能在机房里运行得很好，但是安排12个班级，在机房上了一周之后可能就彻底不能维持了。你当前的电路可以支持电力需求，但是在多个教室里添加了笔记本电脑手推车之后，可能就必须更换面板和安装专用的电源插座。如果混合式教学模式，依赖于报名人数的增长以保证成本，你也需要确保更多的学生能够有足够的空间。

准则10：潜在的竞争需求

在任何一年，学校基于不同的兴趣、需求和要求开始新计划。如何帮助教师控制、划分这些需求的优先级，为你的实施做好准备？珍妮·张是位于华盛顿特区E.L.海恩斯公立特许学校的技术创新中心主任，她认为，除了要衡量个体混合式教学模式或传统教学模式的利与弊之外，关键是要把提议的项目和工作的目标作为一个整体（无论线上还是线下）考虑，全面审视高品质地完成它们的可行性。如果学校是第一次探索从传统模式到混合式教学模式转变的可能性，那么这一点特别重要。学习的过程是艰难的，对所有的参与者——包括教师、管理者、学生、技术团队成员等——从一开始启动甚至一直到最初几年，都特别具有挑战性。往往单一的模式标准可以达到，检查列表也很完整；但是，如果四五个项目组合在一起，就会使同一资源以及教职员工的负担加重，而成功的可能性也会大大降低。还有一个需要考虑的关键因素是，在整个过程中，需要让所有相关的参与者积极参与进来，而不是事后才通知其决策。

询问校长和教师，如何利用混合式教学，大力支持重点项目，或者优先考虑以后的混合式教学的实施，而不是把混合式教学仅仅当作一种补充。

尽管，对于混合式教学模式的实施，你可能永远也不会具备所有的理想条件，但是，如果你找到了上述问题的答案，就能够从战略上为混合式教学模式做好准备，并且评估好要做的事情，让其他学校也做好准备。

获取“徽章”

有决心的决策者

对开展混合式教学所做的准备进行评估：

- 诚实地审视领导能力，思考他们现在要做的这项工作将会不得不放弃什么或改变什么。
- 确定最有影响力的人是谁，并使他们参与到这一过程当中。
- 评价教职员工面对变革所做的准备情况和进行混合式教学的意愿。请考虑员工的流动数量和趋势。
- 检查学生的成绩数据，并判断所反映出的学校准备情况。
- 请考虑当前的学校文化，估计你需要做什么准备。
- 评价学区或学校增加技术使用的支持力度，确定如何增加支持力度以及提高带宽。
- 认真思考不同设备的局限性，在衡量时，为潜在的改变做计划。

第3章

组建一支团队，并赢得各方支持

正确的领导与支持对于成功实施混合式教学模式是至关重要的。这一章，我们将确定一些团队的成员推动该项工作的开展，探索一些方式，使所有参与者都投入到该过程当中。你的团队应该包括学校领导、教师，还要获得基于网站的技术支持、学区层面的支持以及技术团队的支持。

混合式教学，学校领导力有多重要

我一直声明这一点：学校领导至关重要。正如我之前已经提到的那样，我们选择开展混合式教学的学校，首要的一点就是，基于学校领导的力量。我们所找的学校领导，要对做这项工作感兴趣，具有弹性，承受得住最初制约技术发展的障碍（或者更糟的事情），同时还能够专注于"借助"混合式教学，帮助解决教学问题。乔恩·迪恩，来自圣何塞（美国加州西部城市）高峰公立中学联盟，他对学校领导必须具备的关键素质有这样的描述："管理混合式教学模式的领导必须具备两个条件：一是有处理数据和利用数据进行决策的意愿，二是有快速不断地对模式进行设计的渴望。”西雅图卓越公立中学联盟的蕾切尔·克莱因补充道：“领导还需具有能够让人高兴地做事情的智慧，因为如果他们之间还未建立起互相的关联，那么重复地做某件事很让人抓狂。”

成功的领导者顺利开展混合式教学的方法

- 把工作的重点放在与学生成绩相关的教学问题上。
- 对于技术问题能够保持理性（并体恤别人的感受）。
- 承认技术整合是一个过程。
- 确保高质量地完成该项目的核心部分；不允许一次性完成。
- 即便事情变得棘手，也不要不加区分地全盘否定。
- 请勇敢面对瞬息万变的技术前景。

确保学校能够“共同参与其中”

混合式教学不应该仅仅是发生在学校的事情，而应该成为学校的一部分，学校应该“共同参与其中”，或获得政府的（财政）支持，而不是仅仅渴望出色地完成任务。我们之前没有很快学到的一个教训就是，教师们也需要“共同参与其中”。我们可以采取多种形式，使教师成为该过程中的一部分。我们有如下成功的经验：

• 为了启动混合式教学，教师需要做额外的工作，所以请定期给教师发津贴。

• 拟订一份试点协议，里面详述教师会得到什么以及在试点过程中他们将需要做些什么工作，而且如果教师未能兑现他们在协议中做出的承诺，那么在必要时，可以重新签署协议（请参见附录4），并且进行一整年的数据监测。

• 如果已经为这一转变筹集到资金，那么请首先支付基础设施的升级费用，然后分阶段计算成本，使成本从第一年开始就达到学校的预算；升级与设备购置占第一年花费的很大比例，但是随后几年就会减少，不过软件的购买却是一笔不断上升的费用。随着时间的推移，通过这种方式，学校可以承担混合式教学模式的费用，使这项工作持续进行，而且也不会对学校预算造成大的冲击。理想的做法是，给校长确定好一些明细条目（如教师的津贴、带宽和头戴式耳机），这样他们不会为了省钱而砍掉这些条目。

教师的力量不可忽视

教师是日复一日真正开展混合式教学的人，因此他们的实力就代表着学校的实力，而他们所担心的事情也代表着学校所担心的事情，或者是学校所应该担心的事情。

• 教师们对于教室的空间有所担心时，请尊重他们，实际上，对于课堂环境进行变动，会给人带来很大的压力。有关教室设施布置和设备存储的样板模式，请先与教师进行充分的沟通，消除他们的顾虑，减少其工作量。（请参见附录9，我们在某所学校中使用的两种教室的平面图样本。）

• 教师们对于放手让学生上机学习有担忧时，请尊重他们。对于许多教师来说，放手让学生自己学习是一个需要应对的巨大挑战；然而，通过让教师参与到学生的技术体验中去，可以为学生的学习提供新的不同途径。

• 通过为混合式教学次数制订“理想”的进度表，支持进度总表的变更。我们让教师推动这项工作，制订出他们自己的进度表，但是直到这一年的年底，大部分教师因经常改变他们的时间表而感到沮丧不已，并认为他们虽然做出了权衡，但未收到良好的效果。现在我们制定了“理想”的转换时间表，配合校长一起，确保全部的转换时间表与学校的总进度表步调一致。（详见附录10和附录11周计划表样本。）

• 当教师协调各方需求时，请提供支持。如果正在推广“国家标准”实施新的教师发展系统，开展混合式教学，那么建立这三者之间的协同关系，与指导教师和其他支持者一起共同努力，确保教师清楚理解每个项目是如何互相支持的。

• 经过一段时间之后，逐步增加教师的技术使用量，提高其技术使用的适应力。确定每年技术使用的绝对最小值是多少，在此之下划出一条明确的界限。许多教师在第一年会超出最低使用量的界限。教师们在技术使用上的动机与熟练程度差异很大，因此，如果在教师之间营造一种学习者的文化，那么，随着时间的推移，他们都会以一定的速度成长起来。

• 围绕混合式教学，开展各种形式的教师间合作，无论是通过数据解读、课堂观摩、共同备课、良性的课堂竞争、教师的职业发展，还是有利于教师间互相学习的一些其他方式都可以。

马克·蒙特罗是阿斯拜尔泰坦学院的二年级混合式教学教师，他解释说：“当我一开始开展混合式教学时，我就好像是一名新手教师。不过第二年情况就好了很多，我有信心下一年会更好。作为一名教师，我在不断地成长并尝试新的东西，但是，令我感到激动的是，我发现我可以有许多方法不断改进我的教学实践。”

从顽固教师身上所汲取的教训

我们把顽固教师看成还没有为混合式教学做好准备的教师。我们开展混合式教学模式用了两年多时间，其中的一个原因就是给那些还未准备好的教师（或可能有抵触的教师）一个机会，看看其他教师课堂上的学生是怎么进行混合式学习的。根据我们的经验，因为没有要立即改变这一切的压力，所以对于还未“做好准备”的教师来说，这一年是至关重要的，他们会稍晚一些理解混合式教学模式所带来的挑战和益处。当第一年结束时，大多数教师“准备好了”，甚至是更加迫切地希望开展工作，但是，如果并非如此，那么一个能力强的领导可以引导这些教师，朝着那些可以使他们的技能得到最大程度发挥的方向发展，这样，也无须面对可能令他们害怕或抵触的“学习曲线”。

有时，教师不愿意进行混合式教学，是因为担心发生未知的事情。丹尼斯·雷耶斯·瑟帕斯是来自于阿斯拜尔史劳森学院的一名教师，他分享道：

首先，得承认，我曾经对启动混合式教学感到非常焦虑不安。我并不是一个很有技术头脑的人，我一想到教室里有16台电脑，就觉得是那么难以应对。我能够想象出，我的大多数学生都把他们的手举得高高的，大声喊着我的名字，来让我解决他们的笔记本电脑的问题（就如同之前，4台台式机那样，这样的情况曾是家常便饭）。我尽我所能帮助学生做好准备，使混合式教学这一转变可以尽可能顺利进行。我的学生都十分激动，而我也加入了他们的潮流。当我们最终启动时，让学生在计算机上操作比我之前的预想要容易得多。现在，我们已经进行了一段时间的混合式教学，我不能想象再回到我以前上课的那种方式。我喜欢把数学课分两次进行教授，一次教班级的一半。这样，我就可以根据具体的小组和个体学生的需求，因材施教。我的英语语言艺术工作站是非常安静的，这使我可以不受打扰地组织我的面授阅读小组。

强有力的网络技术支持必不可少

强有力的技术支持，对于这一项目的成功是至关重要的。这一建议主要归功于洛杉矶KIPP授权学校的校长麦克·克尔。他告诉我，当他们开始实施混合式教学时，他们离不开网站人才来解决所有出现的技术问题。他说得很正确，而且现在仍然如此，我们的经验也教会我们同样的道理：教学楼里技术使用大幅度地增多，要求配备网络人才来给予支持。在每一所混合式教学模式的学校中，我们都聘用一名混合式教学的助教，其任务就是给软件支持热线打电话，辅助并指导幼儿园里的小朋友使用电脑程序，将数据拉出，保存损坏的笔记本电脑。当无线断网时，安抚教师们的情绪，发现计算机程序的故障，记录学生或大或小的学习收获，找到开展混合式教学模式更好的方式。如果教师对某一技术感觉不确定，助教就传授一下技术方面的知识，助教还要做许多和项目成败息息相关的事情。根据经验，我们知道教学的技术问题会给教师带来很大的压力，阻碍了他们进一步把技术运用到教学当中。阿斯拜尔泰坦学院的劳尔·冈萨雷斯解释说："当学校给你配备了一名混合式教学助教时，如果有技术问题，该助教知道该做什么，那么这名助教就会极大地减轻教师的压力。”

混合式教学助教是“实实在在”发挥作用的人。我们很快就意识到，校长需要发挥出领导作用，而混合式教学助教确保了这一努力可以持续不断地进行下去。混合式教学助教不仅可以使全部的技术问题迎刃而解，而且可以在情感上提供支持并确保项目稳步推进。如果软件错漏不断或者宽带不稳定，教师往往会不停抱怨。因此，教学楼里需要有人保持积极的心态，才能解决偶发的技术问题。混合式教学助教可以给这一工作提供坚实的技术支持，这样，教师可以把他们的精力专注地放在教学上面，而不是放在技术难题上。我们原先计划聘请一名兼职人员从事一年这项工作，但是，我们的体验以及教师与校长们的体验却并不尽如人意。即使我们已经解决了许多最初我们遇到的基础设施方面的技术难题，修理了有问题的设备，修复了软件缺陷以及提高了教师整体对技术处理的灵活性，但是，我们仍然需要混合式教学助教，帮助我们进行混合式教学的数据解读，给每年的幼儿园小朋友和一年级学生提供额外的帮助，在必要时，给教师提供即时的、持续的职业发展帮助，并帮助我们应对每年的软件变化。（请参见附录2，混合式教学助教工作职责说明的示例。）

找到能够进行高效管理的最佳人选

对于混合式教学的关注，使学校或学区把注意力集中在师生身上，而进行混合式教学的人员会关注使混合式教学启动的任何相关事宜。为了使学校顺利开展混合式教学，需要有人测量教室以便安置设备，在基础设施方面与电工和技术团队合作，负责协调培训，监督预算，进行软件合同的谈判，以及无数其他的（主要是操作性的）任务。在我看来，这样多的工作不能只依靠校长一个人来领导。在美国，我们见过领导混合式教学项目的一些人们，他们的做法和理念都是惊人地一致，虽然他们的专业背景有显著的不同。尽管我们当中有很多人都具有教学和管理背景，但是并非所有人都认为自己是技术专家，而且这些人里极少数有正规的数理背景。

任职于飞跃创新公司的克里斯·梁·维加拉认为，领导“不必埋头于日常工作中，而要灵活地满足各种人群如项目的参与者、供应商以及其他人的需求，按照需要来精心组织全部的运转部分”。位于华盛顿西雅图的卓越公立中学联盟增设了一个“学习技术经理”的职位，该职位单纯关注协调大量的工作：进行试点、支持学校、支持创新型教师、向学校领导汇报技术趋势是什么、与学区专家开展合作——而且，更重要的是，洽谈合同签订事宜。克莱因说道：“这才是重点，因为我们的校长认为他们会洽谈并完成非常棒的交易，但是往往并非如此。”大部分校长没有时间进行市场调研，也没有时间来研究如何从最佳的角度入手进行谈判。

我们发现，混合式教学模式的领导首先要履行的责任，就是找到人员进行高效的管理。当你考虑由谁管理最为合适的时候，你会在后面的章节中看到一份列表，我希望它能在一开始给你启发。

组建优质的混合式教学团队

由于每一个决定都会直接影响教师的混合式教学课堂体验，因而需要寻找一位可以努力完成你的任务、愿景和教学计划，而且能与教师产生情感共鸣的人。你会希望这个人具有优秀的项目管理能力，愿意攀登陡峭的技术学习曲线，而且能够与各种参与者建立起牢固的关系。（请参考附录1、2和3混合式教学的工作职责描述的样本。）

以下的主要任务是混合式教学的领导者部分工作职责的描述。

以试点为工作重点

1. 综合研究混合式教学模式的有效性、组织内部的最优方法，了解进行混合式教学模式的设计和试点所面临的挑战，混合式教学模式需要符合该学校的教学实践活动、教学理念和价值观，还要给学生带来令人鼓舞的成绩。

关键理念

这项工作很大一部分是可以学会的，但还有一部分更复杂，比如教师和校长产生情感上的共鸣。设施事项既要事无巨细（其中包括从椅子的高度到软件登记系统的问题，到教学计划的微妙差异，再到没有支持性系统的网页浏览器），又要综观全局（这要求既具有与整个学校全体员工进行合作的能力，又具有考虑网络需求的能力），也具有不断学习和接受不确定事物的意愿。很有可能你无法聘用具有所有这些素质的人员，但是你应该聘用对教与学极为感兴趣、思维敏捷、愿意学习的人。

2. 在未来的一个学年中，计划启动混合式教学试点；精选地点与教师，确定绩效考核指标。

3. 研究、挑选、审批混合式教学试点的内容并为大规模的启动提出建议。

4. 对混合式教学的可行性、短期和长期成本效果的经济意义做出评估。

5. 与多职能的合作伙伴进行合作，以便确定试点项目符合技术的要求。

6. 开发并交付培养方案，以便教师和校长把该培养方案运用到混合式教学模式的试点中。

7. 对混合式教学进行日常性的管理，同时解决在实施期间出现的问题。

8. 对混合式教学试点的有效性进行评估，为大范围实施混合式教学模式，概括试点的课程进行合理的规划。

9. 与校长、总部、外部顾问通力合作，实现战略性目标。

10. 了解并支持学校的任务、愿景、价值观描述、标准、政策和程序、操作规程、保密标准以及职业道德准则。

全面地进行实施

1. 评估并优化工具。

2. 发展与第三方的合作。

3. 监督实施过程以确保成功。

4. 与学校领导多沟通合作，了解他们对于混合式教学模式实施的构想与计划。

5. 确定职业发展的需求，组织培训，以便能够继续学习和提高。

6. 通过与学校领导、教师、数据管理员和研究人员合作，深刻理解对学生的影响（参与并成长）。

7. 与技术团队合作完成网络接入、宽带和硬件的采购与投资。

8. 混合式教学专家给予持续的、职业发展的支持并为教师、校领导和其他教职工提供指导。

我一直在不断强调：人们需要好好理解技术和教学。作为阿斯拜尔教育团队的一名成员，我曾错误地认为，我们的技术团队将会做出所有技术方面的决策，执行全部的计划，而我必须厘清教学是什么样子的。然而，当参加了有关无线基础设施、设备规格、带宽以及插件程序的许多会议之后，我很快意识到在这些会议上所做的重要决策都会直接影响学习和教学环境。懂技术（即使从教育者角度来看，这真的是枯燥、平淡无奇的）对于决策的制订和成功是至关重要的。你不能只把技术外包。所以，请多结交一些懂技术的朋友——你会需要他们的帮忙!

技术团队——混合式教学成功的加速器

由于技术团队面临着成倍增长的大量工作（从采购到支持基础设施和网络的工作）。在预算受限时期，我们必须知道如何让同一名员工做更多的工作，这意味着在某些情况下，为了短期的工作会雇用临时工和合同工，帮助混合式模式的教学助教度过困难时期，使他们接受技术支持方面的额外培训，创建更高效的一体化技术支持系统，要非常清楚在组织中我们支持什么和不支持什么。

有效的技术团队领导方式

技术团队是混合式教学团队的一部分，而且技术团队应该参与其中。确切地说，他们应该以合作者的身份参与到这项工作当中，因为他们的技术专长与积极地投入对你的成功至关重要。做任何事情都要给出你的理由，这将为今后省掉许多麻烦。你让团队做很多的工作，而作为合作者，他们也应该积极参与到这项工作当中。充分了解他们自身（成本、专职员工、他们做出的重要决策）方面的因素。了解一些专业术语，并互相学习很多东西。卓越公立中学联盟的蕾切尔·克莱因给出这样的建议："与技术部门建立更加良好的关系，最终会改变整个学校看待他们的方式。接着，他们将成为这个教学过程中的合作者，而不是一个（有可能）令人厌烦的中心办公部门。"技术领导力的理想状态是：

- 对于网络升级有短期和长期的构想与计划。
- 就硬件、基础设施、人员和时间等成本进行交流。
- 可以开展E级计划（E-rate，E级计划是政府项目，为学校提供互联网接入的资金资助）。
- 当与地区工作人员、校长和教师接触时，是服务于客户，以客户为导向的。
- 当面临挑战和预算紧张时，总有办法应对，而且有实干精神。
- 拥有地区或组织之外的专业人士的联系网络来提供很有用的建议。
- 了解新设备、网络解决方案等的最新进展，提供重要的建议，做出更好的采购决策。

及时沟通，促进团队成员积极参与

当我们开始着手做这项工作时，我们没有花时间思考如何让别人了解我们的意图。我们曾与校长、教师有一些非正式的谈话，起草过进行试点的协议，但仅此而已。（请参见附录4试点协议样本。）经过多次试验和错误，我们学到的一点就是：不仅早期进行试点的教师要参与其中，而且每个人都要参与进来，这样保持信息连贯和计划清楚，有利于每个人都有一个清晰的目标。但是，在当时我们并未真正理解我们的远景和目标，原以为将这些公开就会实现创新，会更好。幸运的是，的确有一些创新；但是，随着时间的推移，我们意识到，原认为工作的一些方面是保持不变的，但是课堂情况并非一成不变。

如果你和你的团队能够使每个参与者更清楚地了解你们的想法，那么就更好。

来自华盛顿特区E.L.海恩斯公立特许学校的珍妮·张认为，每一个参与的小组（如学校的管理者、后勤人员、教师、学生、家长）至少有一名“拥护者”或是“忠实信徒”愿意全力以赴，确保成功并让其他人坚信这种模式有很大的潜力。随着数据的产生，领导团队可以使用他们自己学生的数据，经过一段时间之后把数据转换成更多的要素。

一开始，学校的领导是关键的因素。来自KIPP基金会的安纳本·巴塔查里亚提出下面的建议：“我们的策略就是让校长协助运行混合式教学模式的这一系统和程序，从而使每位参与者都能持之以恒，这取决于学校领导者的全力支持。”我们会组织校长们聚在一起，分享有关混合式教学模式的一些信息，利用一些陈列板进行演示，以便保持这些信息的一致性（并且节省了他们的工作量），而且我们会分享其他学校进行混合式教学的好的做法，我们曾在这些学校实践过或参观过。我们经常会通过以上这些方式支持校长们传递有关混合式教学模式的信息。

同时，教师也起到关键性作用。任职于飞跃创新公司的克里斯·梁·维加拉提出建议："要拥有完整的变革管理策略，你需要翻开整个工作人员的名单，对每个人进行了解；谁将会积极参与谁不会参与，他们会做出什么样的决定，他们是提出自己的意见，还是仅仅听从最终的决定？这些都要了如指掌。充分利用具体的试点和亲身的实践，推动用户适应、熟悉工具或程序。如果不给人们提供一定的时间和机会来做，那么他们是不能积极参与、学习并完全欢迎新模式的。"在该过程中，教师具有影响力，不仅仅是教师之间会互相影响，还会对整个学区或组织的其他教师、学生以及学生家长产生影响。正式及非正式场合的分享（包括参观班级和校园，进行演示以及会上的合作）都能使教师们分享体验并互相学习。

我们已经采用了大家认同的系统方法：

1. 吸引校长们的兴趣。与我们认为已经做好准备的校长进行联系，与他们进行交谈，探讨如何开展混合式教学模式、有哪些潜在的益处以及怎样行动，还讨论在预算、招生和设施上的实际效果。我们期望校长们会花一些时间进行思考，与其他校长进行交谈，提出问题，反思其人员为进行这一尝试所做的准备。我们告诉他们这是一次机遇，如果今年他们还没有做好准备，他们也不会失去另外一次资助机会或是在未来进行转变的机会。如果他们没有做好准备，那也没关系——

你已经为未来进行的混合式教学转变播下了种子。

2. 让校长们参与他们的领导团队。一旦校长们参与进来，那么便会引导他们的领导团队产生兴趣。为了让领导团队积极参与进来，我们往往邀请该团队参观我们其他的或者外面的混合式教学模式的学校。团队经常整理好一系列的问题来问我，这些问题的范围从“我们使用什么样的软件”到“学生的上机时间是多长”和“我需要做什么样的调整以适应这项工作”。最后一个问题是我们听到最多的提问，这个问题也是我们尽全力来回答的问题，因为并没有明确的答案。理想条件下，比如我们使用的是数学适应性软件，该软件所关注的是提高数学的运算速度，如果我们不需要，我们就大刀阔斧地直接“删除这一部分”。但是现实世界远没有这么简单。

3. 决定是否向前推进。在进行交谈时，请专注以下的重要问题：

• 你正在尝试解决什么问题，与学校的目标和学生的学习成绩有怎样的关联？

• 学校会致力于开展为期三年的混合式教学模式的试点吗？学校会承担混合式教学第一年和第二年的一些费用吗？会承担第三年之后的全部费用吗？

• 什么是你最担心的事情？

我们用这些问题来确定一所学校是否已经做好准备。如果一所学校已经准备好，而且其领导团队也希望向前继续推进，我们将为教师们制订一份试点协议，并把它提交给领导团队，以获得反馈。这份协议概括了我们计划要做的事情和为什么要这么做，以及在试点期间，教师们的责任是什么。在试点协议中，加上适当的前提条件是至关重要的，不仅满足了提供经费资助的这一要求，而且确保了整个学校实施的一致性（请参见附录4，混合式教学试点协议的样本）。我们的目的在于，明确试点中不容商讨的前提条件，给教师大量的空间进行反复尝试，找到什么是最有效的。

4. 吸引其他人员的兴趣，并创建工作参数。接着，领导团队给指定的教师展示这份协议，这些教师是由校长为该项目第一年的推广而选拔出来的。我们请校长挑选的教师必须是最优秀的：这些教师有很强的管理课堂的能力，他们的学生成绩很好，并且这些教师有很强的变通性，能够策略性地进行这项工作的推广。简而言之，如果这部分教师喜欢混合式教学，那么每个人都会喜欢。我们鼓励校长挑选的教师全部来自同一年级，这样他们就能够互相合作。我们已拟订了一份试点协议，阐明第一年试点期间我们对教师们的期望。那些不想进行第一年试点的教师是允许退出的。参加第一年试点的教师会因为他们所做的工作，获得一定的津贴资助，因为一开始开展混合式教学，教师们要做很多的工作，因此我们希望表扬他们所付出的努力。当我们与全体教师会谈时，我们详细地展示：

- 我们开展混合式模式的历史记录及背景。
- 混合式教学的定义。
- 我们的模式。
- 我们想要解决的教学难题。
- 进行试点的教师和全面进行推广的教师，他们的时间表是如何安排的。

我们一定会留出额外的时间去回答教师的全部问题，并仔细记录下他们所担忧的问题。

一名校长的成功策略：带领团队实地参观混合式教学学校

阿斯拜尔泰坦学院的校长金·百纳罗是最早进行混合式教学试点的校长之一。由于有很强的师资力量和很好的学生成绩历史记录，对我们来说，她似乎最有可能成为混合式教学的带头人。百纳罗女士是一位了不起的校长，在她的领导下，学校建立起强大的师资力量和良好的学生文化。当我们向她提出这一想法时，她虽然有兴趣，但仍然有一些顾虑。她是这样讲述的：

一开始，我真说不清楚混合式教学在我心中是个什么样子。我记得课堂上教师、孩子上机操作的效果并不是很理想。我过去一直在寻找免费且有用的在线计算机程序。在我们的教室里也只有四台计算机，因此从来都不能有效地轮流使用这几台电脑。如果混合式教学进展顺利的话，学生可以单独地在计算机上利用专门的程序进行操作，而教师能够监督其进展情况。为了更好地执行，有许多的后援工作要做。学校的技术基础设施需要升级换代，我们也需要挑选和分析程序，对教师进行培训，聘请混合式教学的课程协调人员来学校指导该项目。如果我是一名课堂老师，需要解决所有的事情，以便使计算机成为学生可行的学习工具。

一旦我们消除了百纳罗女士对于实施过程的疑虑，她便会估计出教师对于开展混合式教学的反应，以及她本人对此产生的担心。

后勤工作是可控的，对此我们可以进行处理，然而其中最重要的部分就是“人员”方面。我需要向教职员工介绍混合式教学。在与教职工进行正式的交谈之前，我曾经问过不少人，他们怎么看待学生一天有15%的时间用在上机进行电脑操作。我问的第一个人是我的丈夫，他正好从事电脑艺术创作这一工作。我想要知道，若他接受了这种不同类型的教学，对他来说，学校将会是什么样子的。事实上，他告诉我，如果他现在还上学的话，他会很欣赏这种教学。他认为上课枯燥无味，对于教师发给他的千篇一律、老掉牙的活页练习题感到厌倦。我又询问了一位经验丰富的教师，然而从一开始她就非常反对混合式教学。她认为在课堂上使用电脑，不仅会夺走学生交流的机会，还夺走了学生参与课堂的机会。她提出的观点很有说服力，我也没能找到答案。

我们与她一起合作，明确了解决的办法，制订了计划来说服她的教职员工。

几个星期之后，我与全体的教职员工讨论了有关这一转变的事宜。我分享了什么是混合式教学，以及对于我们的学生来说，它是什么样子的。我也告诉他们，我与三位教师将会飞往奥克兰参观阿斯拜尔艾里斯学院，该学院是一所已经转变为混合式教学模式的阿斯拜尔学校。参观完这所学校之后，我们继续跟踪并分享了我们所学到的内容。我们挑选出的三位教师代表所有年级和所有经验层次，并且其中包括一名对混合式教学最徘徊犹豫的教师。

对艾里斯学院的这次参观回答了我们许许多多的疑问。当我们到达艾里斯学院时，我们发现混合式教学并非那么难以应对，也不是一个难以捉摸的洪水猛兽，而是要求学生在计算机上操作二三十分钟，其他的一切都与我们每天所做的别无二致。主要的区别就是学生在计算机上操作时，教师能够追踪他们的进度，不同于传统的工作站很难追踪学生并加以区分。当见到这些教师时，我们喜欢的一点是，学生可以采用不同的媒介进行学习，课堂里更加安静，不在计算机上操作的学生也能够很好地参与讨论，开展小组活动，并认真听小组成员所说的话。我们亲眼所见，并为之所动。

如何吸引学生家长的兴趣

开展混合式教学为加深与学生家长们的联系提供了很好的机会，因为混合式教学使学校把更多的学生成绩数据分享给相关家庭，为学生在家里上网创建额外资源，并且建立了一种机制，使学校真正引领科技的使用，并在教学中发挥积极作用。最初，我们并没有太多地去考虑，我们会怎样在学生家庭中开展混合式教学。阿利森·米尔纳是阿斯拜尔泰坦学院的教师，她解释说："学生总是会回家告诉家长，他们在某个程序中学到了什么，而在另一个程序里又读到了一本有趣的书。虽然，之前我们已经告诉家长，他们的孩子每天将会使用计算机来进行学习，但是我们没有充分说明每个程序是什么样子的以及会带来什么样的好处。"

在开展混合式教学的第二年里，阿斯拜尔泰坦学院的教师为家长们举办了混合式教学软件的咨询会，通过这一活动，家长们都积极地参与进来。教师弗雷迪·埃斯帕扎解释说："我们演示了学生日常使用的软件，并解释他们是如何轮流使用计算机的。我们也讨论了如何定期地对学生的学习进度进行追踪以及如何使用这一数据来指导我们开展下一步的混合式教学。家长提出了许多好问题，如孩子们真正看到的是什么，他们上机操作的时间是多长，他们如何能够监督自己的进度以及他们如何在家使用该程序等。”

阿利森·米尔纳补充道：“家长们很赞同把混合式教学解释为计算机课程与传统教学的结合。他们所理解的计算机在目标课程中的作用就是，针对性地满足孩子的需要。总之，我认为这一活动，提高了家长对混合式教学程序的认同。而且，还为未来探讨孩子在传统课堂和计算机程序方面的学业进步及学习行为奠定了基础。”

教师还可以通过家长会，让家长们积极参与混合式教学的学习。塔林·蒂萨罗恩是阿斯拜尔泰坦学院的教师，她分享了看法：

对于这一轮由学生领导的会议（我们一般称其为家长会），我的三年级团队和我一起增加了一个“混合式学习站”。在这个工作站里，学生带领着他们的家长，参观了他们使用的电脑，并告诉他们，我们为什么要开展混合式教学模式。然后，学生给家长们戴上他们的耳机，登录进入到程序中，并把每一个程序展示给家长看（我们向学生强调务必确保不要让家长回答任何的问题，以便使数据准确无误）。另外，确保每个程序都由学生告知他们的家长我们这样做的原因。许多家长甚至还没意识到课堂进行的混合式教学到底是什么样子的！到目前为止，家长们的反应还是相当积极的。当我告诉他们，混合式教学可以满足每个孩子的需要时，他们特别高兴。我肯定会再次使用该工作站的！

位于洛杉矶联合升学公立中学联盟，乔纳森·提寇解释说，他们所使用的程序能吸引家长积极参与到数字化的学习当中，其影响力甚至更加深远。他说道：“我们会具体针对混合式学习的教学，以及一对一学习，开展家长培训和聚会活动。我们开办有关网络安全和数字公民权的家长教育班，而且让家长们参加混合式教学的展示会。”

最后，混合式教学是一项团队运动，要求大量的合作与交流。为了确保我们合作的有效性和高效性：

- 我们鼓励教师每周发几篇博客，以便收集反馈意见。
- 我们和校长们每周登录访问，以便培养他们混合式教学的主人翁意识，并回答他们的问题。
- 我们和所有的混合式教学助教一起，每周登录访问。
- 我们和混合式教学团队、技术团队以及数据团队每周登录访问。
- 混合式教学助教、校长每两个月与教师们一起，进行一次数据解读，以便浏览软件数据，排除相关的混合式教学的问题。
- 每个学期我们会对师生进行调查，以便发现新挑战，并告知领导层有关需要改进的方面。（你将在附录8里，找到我们的年终教师调查问题清单。）

通过以上的这些方式，只要新的挑战一出现，我们就可以时刻感受到它的脉搏。

获取“徽章”

有决心的决策者

- 确定谁是领导学校层面这一工作中的最适合人选，并确保他们会致力于实现这一美好前景。
- 使课堂层面和学校层面“共同参与其中”，以便所有的参与者在成功实施的过程中都获得益处。
- 聘请课堂的技术支持人员，以便教师可以专注于教学，而不是专注于一些技术难题。
- 聘请或者发展混合式教学的领导者，他们可以从实际运行和教学的角度，来监督并解决试点中的问题以及实施情况。
- 使技术团队领导成为合作伙伴，积极参与到这项工作当中。
- 与全部的团队进行合作与交流。
- 创建系统化过程，使学校领导与教师积极参与这项工作。
- 如果你已经权衡好成本，那么请敏锐地察觉辨别在该计划中你的优势与劣势所在，并下定决心向前推进。
- 制订计划，吸引学生家长的兴趣，帮助他们了解他们的孩子所做的工作。
- 与技术团队建立良好的关系。与人分享你面临的最大挑战，并定义你自己的角色。
- 明确谁应该负责，在这个流程中，确保包括学生家长和学生在内的所有参与者能开展全面有效的交流。

第 4 章

掌握混合式教学模式的学习曲线，做好准备

启动混合式教学模式的学习曲线，有时可能会像攀登陡峭的山峰一样，但是经过仔细和认真的规划，是能够登上高峰的。这一章将着眼于以下方面：从已经开展混合式教学模式的人们那里获得支持和帮助，向教师们学习，从所犯的错误中，吸取教训，进行重要的权衡，寻找绝好的机会，以及分阶段实施工作。

从小事着手，循序渐进

选择已经为混合式教学做好准备，并愿意为该工作的成功付出努力的学校、校长和老师。以下条件是否理想会影响混合式教学的实施：学校领导力、学校文化、教师的能力以及技术基础设施。思考你计划达到的学生成绩目标是哪一方面的，并提出与技术相结合的最佳教学方式。请记住，从小事着手——既要严密管控，也要给予教师和校长许多创新的空间。让事情简单化，因为在计划开展混合式教学模式时，情况是极为复杂的。我与一些人交流过，他们的学校正在开展混合式

模式教学，他们也想让学生把他们的设备带回家，也试图从根本上改变教师的授课方式。但是，一下子做太多的事情，而没有从小事着手，这就是导致他们之前形势极其严峻的原因。我们在第一年里，只在一所学校开展混合式教学的试点，而在第三年里，我们已有四所学校开展此模式，并且还在另外四所学校开始试点。一旦知道你正在做什么，那么你就能够进展很快，但是，首先需要构建完成该项工作的系统。（请参见附录5，一个项目计划的样本。）

你需要混合式教学

我大部分的职业生涯是与教育相关的，我所了解的教育者的行为方式是：他们在自己的教学团体里或许会合作并分享（或许是关键词），但是学校与学校之间却很少在一起互相分享各自的做法，共同应对挑战，或者交换资源。我不知道这是否是教师之间的一种竞争；还是因为担心别人对自己的评价；还是认为自己学生或环境是独特的，不同于其他学校；抑或仅仅是因为没有时间去了解其他学校真正在做什么。

而在阿斯拜尔公立学校联盟里，合作是我们的核心价值观之一，该价值观体现在学校及校际工作的方方面面。我们与各种不同的团队一起协作，这些团队可能涉及年级、科目、学校、跨校、相似任务、跨学科以及其他许多方面。作为创新型学习的负责人，我负责搞清数字化学习在教学大纲中所起的作用。然而，这项工作的完成，离不开技术团队做出的硬件和基础设施的决策，离不开我们的数据整合团队（我们称它为“哥斯拉”）收集的数据并使之可视化，离不开我们的财务团队进行的财务预算，离不开教育团队教师和校长所做的教学决策，也离不开发展团队所筹集到的资金。在工作中，我不必担心要埋头苦干，因为日复一日所做的工作都有同事给我帮助！

让我感到有趣的是，与其他学校、地区的和我任务相似的教师进行合作，成了我开展混合式教学的核心部分。刚开始接触这项工作时，我与美国火箭教育公司的人员进行了接触，获得了他们的知识，并且请求他们告诉我其他同行都是怎么做的。从那个时候起，我就创建了一个小型的朋友关系网，让我可以向他们学习、询问他们的建议以及一起分享案例。虽然我们的模式、观点以及所在的学校都迥然不同，但是大家都在全力以赴地研究混合式教学，如果把资源集中在自己学校里，那么就不会取得这么多成果。

首先，朋友关系网可以支持我们的工作，我们不会再感到是唯一做这项工作的人，我们不再是孤军作战。其次，他们也是对外沟通的人脉资源（“噢，为什么在今天这样的时代里，在洛杉矶中部我还不能使用高速互联网与外界保持联络”），还可以与他们分享你所取得的成功。随着时间的推移，这些关系就会得到不断地加深：这个人脉网络是由致力于混合式教学的各个方面的人构成的，人脉网中的人们一同探索如何在快速改变的教育环境中，最大化、数字化学习的效果。

受我现在工作条件和团队规模的限制，我无法开展平板电脑的试点，无法进行游戏程序测试，无法试验20个不同的软件程序，无法在我们高中推进循序渐进地掌握知识的模式，也无法与100名学生在同一个教室里一起上课。我能力不足，也缺乏资金，而且这些做法也不符合阿斯拜尔现在对于混合式教学的看法。但是，我可以拿起电话打给全国在做这些事情的朋友，他们就此已经进行了深入的研究，而且他们也会与我分享他们一路走来的每一步所汲取的经验与教训（其中许多都可以在本书中找到）。尽管环境或许不同，可能有人会说，如果在教室里使用10台苹果平板电脑iPad，那么课堂管理就会有显著的变化，也可能有人会说，对于不熟悉教学的学生来说，无畏的勇气和不屈的意志才是重要的，但是就我而言，这些信息是非常宝贵的，并且当我们在阿斯拜尔推进混合式教学时，这些信息可以帮助、指导我所走的每一步。我给一些朋友打电话，询问一些我不懂的基础设施和设备方面的技术问题；还打过电话征求软件方面的建议；我还问过关于学生的激励机制的问题；还打了一些电话只是想找人倾诉；我们聊的最多的是他们在开展这项工作中最新的想法。我还没开始工作就获得了有效开展这项工作所需的全部知识和技能；教学和教育学是我的专业背景，但是我已经积累了很多关于无线接入点、插件、带宽以及其他的技术问题的知识，此前我从没想过去了解这些，更不必说要进行定期讨论了。我没有能力测试市面上全部五年级以下（K-5）的数学程序，但是我知道，我可以电话咨询我信任的朋友们，问他们与学生是如何处理面临的挑战以及一般定价是多少。本书表达了我对所在团队的感激之情，同时我也想扩大知识分享网络，邀请更多的人加入。

我经常对同事说："我之前没有来自KIPP的朋友，但是自从开始从事混合式教学后，我在全国各地都有来自KIPP的朋友。"混合式教学文化在转型，而且学校间或组织间的合作越来越成为常态，我为自己从事教育行业，尤其是混合式教学事业而欣慰。我非常欢迎来自奥克兰联合校区的人们来参观我们在加利福尼亚州奥克兰的混合式教学特许学校并学习，作为回报，他们也一直与我们分享他们的经验。

有一些混合式教学的网上社区、实践社区致力于混合式教学，例如，其中的一个就是开展混合式教学的朋友和我一起创建的，此外还有资金驱动的社区以及在会议上创建和由思想领袖创建的非正式社区。进行这一工作的人们——无论是校内还是校外的同事以及在全国推广这项工作的资助方都是宝贵的资源。这些天，我也在查找网上资源，例如，EdSurge、Mind/Shift以及ASCD SmartBrief，以便在不断的变化中还能保持优势。正如与我共事的教师和学校领导一样，我也时刻准备好，为迎接下一次技术创意而不断学习并积累经验。这些资源使我接触到这一领域最新的信息，而且每当我想获得更多有用的信息时都有渠道。这项工作太困难而且变化太快，不能独自一人去做。

关键理念

或许我们学到的最重要的一课，就是要结交正在开展混合式教学的朋友。我们现在所知道的一切，都是从从事此项工作的其他人那里学到的，并且我们对此心存感激。尽管在许多方面我们存在差异，如“特许学校联盟”（CMOs）、学校模式、地理位置、学生人数、学校目标以及试点情况，但是从事该工作的人们会提供大量的信息，而且坦白地说，他们真是一群有趣的人。混合式模式的所有试验和实践，都在有条不紊地进行当中，甚至有些你永远都没有能力做到的事情，却能够以有意思的方式，推动你对这项工作进行思考。

如果你在开展混合式教学的工作，那么你要找到一些也做这项工作的人们，并且与他们交朋友——不管他们采用何种模式、身在何处，属于什么样的组织，也不论他们工作的地方是公立学校、私立学校还是特许学校——一路走来的每一步你都需要他们的帮助。而且他们可能也需要你的帮助。

如果可能，可以参观其他学校的混合式教学实施情况。你不必照搬他人的模式；你只需敞开心扉来接受他们带给你的启发。不论是总计划、级别的进度、教师的授课，还是其他的方面，观察其他学校的混合式教学模式，你可以看到这些学校突破了“神圣不可侵犯”的旧规矩，与此同时，也给你想象的空间：你不必实地操作，就能知道某项计划实施起来会怎么样！在这一过程当中，你可以收集到很棒的观点和做法，并运用到你自己的工作当中，并使之进一步深入。

每时每刻向积极的教师学习

以正式（通过调查问卷和访谈）、非正式的方式或者在闲谈中从教师那里获得信息。我们想出一个最容易的方法，可以记录老师的每一次顿悟和种种担忧，那就是把进行试点的教师全部添加到一个锁定的、非公开的博客里。然后，我们每周都会发送一些温馨的提示。我们想要实时地跟进教师的想法，但是我们学期末的问卷调查感觉就像放错了地方，效果不佳。而电子邮件似乎太随意、太难以管理；况且电子邮件也不允许教师之间互相分享。来自底特律市基石特许学校的汤姆·威利斯提议：“创造空间和时间允许教师来观察，并且从进行这项工作的其他人那里学习（以及提出许多问题）。”教师从其他从事类似工作的教师那里，学习吸收得最多，同时，我们想给教师创造一些机会来一起了解这项工作。

我们创建一个简易博客，并锁定该博客，只允许混合式团队、校长、教师以及混合式教学的助教阅读并为其贡献自己的力量。在下面的文本框里我们分享了其中的一条博客，是关于项目启动的帖子。

启动我们的工作

阿斯拜尔泰坦学院的教师，欢迎来到该博客！

"Buzz项目学习博客"（The Project Buzz Learning Blog）是你我可以记录想法、突出问题、表达不满和担忧的地方，供我们了解阿斯拜尔混合式教学可能出现的情况。这里有几条建议：

• 这个博客对于赞助人、外面的人员或是整个阿斯拜尔是不公开的。它是我们私下里分享所思所想、分享正在全力以赴的目标、所担心的事情并表达喜欢和厌恶的地方。

• 这个博客对于那些尝试了解混合式教学的团队是公开的。该团队包括：进行试点的教师和校长、总部的混合式教学团队以及对此感兴趣的其他总部人员。我们希望，通过让该博客不主要对外开放，让你们轻松自在地分享你自己的想法和观点，而不用担心会被别人评头论足。这是一个伟大的实验，而且我们也希望从你身上学到东西！

• 这个博客既不是一个提供桌面服务帮助的平台，也不是一个提供技术团队回复或者是数据整合团队回复的平台。如果你想得到这种支持的话，你需要通过其他合适的渠道。

总之，今年我们将运行这些试点，从他们身上学习一些东西，而且我相信所学到的大多数的知识，都是由无数的小事情组成（命名规则和密码、创建转换模式、有效内容的分配）。把这些内容记录在案以便于学习是势在必行的，而且我最大的心愿就是这种最轻松、风险最低的学习方式能一路陪伴你！因此加入我们的讨论吧！

我们希望教师能够畅所欲言，事实上他们也是这样做的！同时，他们与我们分享，而且他们之间也会互相分享他们的忧虑、顿悟、深刻见解以及有益的想法。这个博客使我们可以发现和解决我们本来还未意识到的问题，并且把有益的做法传播出去。

从错误中汲取教训

请记住，失败可能比成功教会你更多东西。要高度重视那些有效、管用的做法，而不必在意那些无效、不管用的做法。有些试点的进展明显好于别的试点，当一个试点没有按照计划进行时，我甚至会感觉特别受不了。然而，我所得到的最大的经验就是：我做的所有工作都在向前推进。（需要特别注意的是：课堂管理是极为重要的！）

这项工作既瞬息万变，又常常慢得让人抓狂。任职于飞跃创新公司的克里斯·梁·维加拉提出这样的建议："从一开始，期望就要符合实际；对将要面临的挑战有清醒的认识。"在这一市场上，随着新的产品和服务不断涌现，技术会不断地更新升级换代，类似的情况不胜枚举，然而在陈旧的教学楼里和有限的资金条件下，进行基础设施的技术升级，并使之准备就绪，却是极其具有挑战性和令人无奈至极的。

尽管困难重重，但当我们不断地改进并继续进行时，我们的混合式教学的实施情况每年看起来都不同。詹妮弗·马扎伟是阿斯拜尔泰坦学院的幼儿园教师，她解释说：

> 在过去一年里，我感觉真正学到了很多关于如何在课堂上更有效地开展混合式教学的知识。我认为，一开始需要做很多的尝试，当然会出现很多错误，但是，现在我已经能够更有意识地运用混合式教学，并且当我花时间和学生开展小组活动时，进行混合式学习的学生，就可以利用这段时间进行自主学习。我给在某领域需要帮助的学生补课，这样，就可以更有效地利用课堂时间学习高频词汇或字母，以及进行字母发声练习。现在根据“国家标准”，我把课本的内容添加到数字图书里，这样就与我们现在所学的单元进度保持了一致。这种做法真的很不错，学生告诉我，他们可以把课堂上所讲的内容和他们上机学习到的内容结合起来。

即使在实施的第三年，我们学校仍然坚持变革，并改进了他们的做法。我们换掉了软件，开始使用一些之前我们不愿意采用的教学策略；我们将更深入地研究在线学习的数据，并且考虑可以使转换变得更高效的新方式。弗雷迪·埃斯帕扎是阿斯拜尔泰坦学院二年级的教师，他认为：

> 在去年进行混合式教学的试点之后，我对“如何使学生更好地参与，如何利用好上机的时间以及如何理解进行混合式学习的目的”进行了反思，这些思考使我对如何在今年的课堂上开展混合式教学做出了重大的调整。现在我有很多学生可以自己解决问题，并且能够互相帮助。我运用学生的数据，使他们参与进来，而且，现在学生理解了

上机的目的。我不用告诉学生要做什么，他们就知道怎么做，这在以前是很难做到的！

美国火箭教育公司在培养对混合式教学的理解和认知时，强调教师文化与学生文化同等重要。凯伦·沃斯库如此解释道：

我想与教师一起，建立一种强调共同研究的文化。如果我不知道怎么做，我会留出时间与教师共同计划，以便我们可以一起学习。混合式教学模式的实施情况每年都会有所不同，而且我们总是有新的创意。一旦我们有了如何进行改进的新构想，我们就会开始论证或证明这一构想，然后创建范例，论证如何实现这个构想。

吸引教师成为合作者，一起来学习混合式教学课堂里起作用的因素，这就是成功的秘诀。

一切都需要权衡

在我最疯狂的混合式教学的梦想之中，下面就是我想要的：高质量的美国基础教育（K–12）（K–12是对美国基础教育的统称。“K–12”中的“K”代表kindergarten，即幼儿园，“12”代表12年级，相当于我国的高三。K–12是指从幼儿园到12年级的教育，因此也被国际上用作对基础教育阶段的统称。）软件产品，全部与“国家标准”相一致、相整合、相适应，并且可支配——啊！并带有游戏设置和嵌入式的形成性评价。我想建立一个关于软件和数据的共同文化，使用共同语言和度量。我想把光纤铺设进我们所有的学校里，想让我们的孩子不仅在学校，而且在家里都可以使用笔记本电脑，都可以联网，并为我们服务的大部分家庭提供相关材料。我想为孩子、家长以及教师提供“数据仪表板”，并附带真实的“可操作数据”。我想从所有供应商那里获得现场技术支持服务、更加灵活的座椅、令人惊叹的支持并把我们全部的产品都整合到一起。你知道吗？我并不能实现全部的梦想，要么是因为这一梦想还没有切实的操作方案，要么是因为即使有操作方案，但是目前还没有足够的资金去实现它。

既然我不可能实现所有梦想，那么进行权衡比较就变得非常地重要。决策制订的透明化将有助于你把握所有参与者的需求，对实际的可能性有更清晰的理解。大众对于技术的设想往往与现实差别非常大，而你的工作就是确保人们清楚现实，这样你以后才不会让他们失望。

寻找机会，支持变革

最近，我们开始问自己：“如何利用混合式教学来支持我们的教学变革，传授‘国家标准’呢？”此外，随着课堂上技术使用的日益增多，我们有机会使用电子资源，使内容创作更加快速，而且用最新、最伟大的创新填补这一空白。但是，不能因为随时能使用技术，就随意地使用它，而是需要进行战略性的思考，思考有关的教学方法，例如如何对复杂的文本进行仔细地阅读，这样就可以适当地、更好地进行混合式教学模式的转换，使教师能够一次性与更少的学生一起使用文本，专注于“苏格拉底式研讨法”。这一次，我们只仅仅发现了混合式教学和“国家标准”两者之间的共同作用。随着我们对工作的深入，一定会出现更多的可能性！

分阶段开展工作

你不仅应该进行试点，而且应该考虑随着时间分阶段地开展工作。这一做法将会使你只依靠部分人员的帮助，就能够解决技术难题，支持学校文化的创建和支持教师职业发展的转变。正如我之前所提到的，在阿斯拜尔我们是经过两年多的时间分阶段把学校转变为开展混合式教学的学校的。（表4.1展示的是前三年在全校范围内实施并推广混合式教学的条件。）

表4.1　前三年的实施条件

第一年的实施条件	第二年的实施条件	第三年的实施条件
有能力、有愿望做这项工作的校长 至少有4–8名教师，他们是 • 感兴趣的 • 高效的 • 高效率的课堂管理者 • 正在稳步地开展小组活动 开学第一天就对带宽进行升级 鉴于其他优先考虑的事情，技术团队有足够的能力，提供充分的支持 资金分配	以学生的成绩及教师问卷调查的数据来衡量，第一年实施的情况是成功的；学校热衷于采用该模式 校长有兴趣把该模式推广到其他年级 大部分教师是 • 感兴趣的 • 高效率的课堂管理者 • 正在稳步地开展小组活动 鉴于其他优先考虑的事情，技术团队有足够的能力，提供充分的支持 资金分配	以学生的成绩及教师问卷调查的数据来衡量，第二年实施的情况是成功的；学校热衷于采用该模式

GO Blended!

获取“徽章”

有决心的决策者

• 确定如何开展混合式教学这项工作，明确工作的重点是什么，做到从小事着手、循序渐进，并且保证高质量完成。

• 在学校、学区或者组织以外建立志同道合的朋友圈，以便帮助你完成这项工作。

• 通过与外面的组织和专注于这项工作的人员建立良好的关系，向整个行业学习。

• 在做决策时，请实事求是、权衡取舍。

• 分阶段地建立起一种文化，以保证有机会不断改进，并且从所犯的错误中汲取教训。

GO
Blended!
第二部分

如何规划
混合式教学

一旦做出最重大的决策，即确定你所关注的焦点，决定你是否做好准备以及组建一个强大的团队，那么当你开展混合式教学模式时，就要做出一系列战略性的决策。

在这一部分中，所涉及的内容有：选择模式，确定高品质的软件和硬件，导航学生数据，挑选教室摆设以及保证网络速度。当每一个决策都具有可操作性时，它们的实现将会对教与学的环境产生直接的影响。（请参见附录5，一个完整的混合式教学实施的项目计划样本。）

第 5 章

选好模式，开始试点

让在线的学习软件运行和试点混合式教学模式是两种非常不同的活动。关注你打算使用什么样的模式并进行试点，是非常有必要的，因为不同的模式会驱使你选择不同的工具、资源以及支持。一旦启动，就要探讨一种混合式教学模式是否可以对我们的学生产生更大的影响，是否可以更好地施展我们的才华，这也是财务可持续性的保证。我们独创了一些清晰的评价模式的判定标准：

对学校和学生的影响

- 一种新模式将会对学校、学生或两者都产生积极的影响。
  - ⋆ 教师将能够更加有效地利用他们和学生在一起的时间
  - ⋆ 教师的工作量相同或更少，但是不会增多
  - ⋆ 学生成绩水平将会提高，或者至少保持不变

经济因素

- 一种新模式将会对财务的可持续性产生积极的作用。
  - ⋆ 该模式将会降低成本

★ 赞助人（包括目前的赞助人和新的赞助人）将会看到新模式的实施并提供支持

组织匹配

- 混合式教学模式的实施要符合我们组织的文化和价值观。
  - ★ 师生关系将保持密切
  - ★ 我们能够保留强大的学校文化底蕴

可行性

- 我们有能力，或者有合理的费用和时间去成功地实施新模式，包括：
  - ★ 技术的需要
  - ★ 培训和转变的管理

最初，我们了解到四种不同的混合式教学模式：弹性模式、就地转换模式、增强型虚拟模式和个体转换模式。克莱顿·克里斯坦森研究所把一些在美国较为常见的混合式模式进行编纂归类。随着更多的学校探索混合式教学，每年都会发生着很大的变化。为了参照实例，吸取好的想法来开展混合式教学，需要仔细研究克里斯坦森的模式数据库、FSG混合式学习的案例研究和新一代学习的挑战模式。如果可能，可以参观实施混合式教学的学校，这样就可以获得工作所需的第一手资料。每一种模式都有很多值得借鉴的地方，尽管不同的模式之间存在差异，但是混合式教学实施起来有许多共同点。

我们采用的是基于课堂的就地转换模式：这是一种常见的混合式教学模式，尤其是针对五年级以下（K–5）的孩子们（请参见图5.1）。

例如，在90分钟的教学时间段中，学生被分成不同的小组，每隔

30分钟进行不同学习小组的转换：

- 小组1 = 教师主导的（小组面授）教学。
- 小组2 = 独立性实践与合作性实践相结合。
- 小组3 = 个性化的在线教学。

上述的每一环节都有助于学生把所学的内容运用到实际当中，使所学的内容变得生动与具体。就地转换模式给教师和学生提供了难得的机会，开展针对性强、目标明确的教与学，与此同时，也为有意义的教学实践活动提供了多个数据点。为了使教师对学生的需求做出反应，并积极主动地去满足他们的需求，教学时间的限制有所不同。额外的全组指导给学生的学习与讨论常见文本和概念提供了经验。

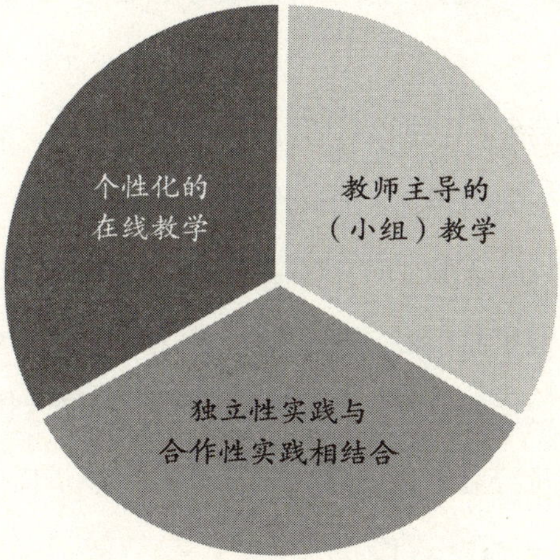

图5.1　就地转换模式

打造试点，从错误中积累经验

无论是在一些课堂里开展某一模式的试点，还是整个学校都进行转换，或者是多所学校开展混合式教学，我们都使用相同的策略。如果你正在获取“徽章”，那么你就在正确的轨道上！

为什么要进行试点：我们对某一模式开展试点，才能真正地了解什么起作用，什么不起作用；挑战我们对于教与学的惯性思维与设想；发现我们还不够了解的技术基础设施、计算机的软硬件，进行系统的整合。我们要以低影响、低成本的方式，从错误中学习！我们进行试点也是给抱有怀疑态度的人们展示混合式教学的可能性和所需要的时机，使其逐步步入一种文化氛围，或者是为混合式教学制造声势（有时候需要慢慢来以便以后进展得更快）。最后，需要进行模式的试点，以便让这种理念得以传播与推广，这样阿斯拜尔就会对此加以关注与投入，并且如果试点成功，结果就是最好的证明，该工作的推广就会变得更加容易。

不进行试点会怎样：我们不会简单地进行试点。许多因素都会对技术整合的成功或失败产生实质的影响，如教师发展、课堂结构、政策环境、校务重点等。教师常常会要求在非混合式的课堂里试用混合式教学的软件，但是我们会婉言拒绝，因为我们的重点是对该模式有正确的认识，对试点进行严密的管控，从而可以学到更多，而非仅仅了解教师的看法及经验之谈。我们宁愿把几件事情做好，也不愿意做了许多事情，却一件也没有做好。

评价试点，构建成功模式

我们仔细研究学生成绩、技术电脑桌面帮助服务、师生问卷调查的数据以及一些经验感想。不过，最后，在教师的调查问卷中，我们问了这样一个问题："根据你们操作的结果，我们今年还需不需要再次开展这项工作？"绝大多数的教师都用事实证明应当继续下去，有人认为，混合式教学模式应当继续下去，而且要推广到整个学校。其中，引人注目的是，多名教师声明，开展混合式教学模式虽然没有减少工作量，但是，它却更具有可持续发展性，因为教师们通过数据可以看到每个学生成绩的提高。教师也省去了周末为学生建立计算机系统工作站的时间，而是踏上新的学习路径——更好地理解软件程序，提升小组教学的质量。教师的前期费用一开始虽然不少，但是，回报是教师现在获得了每个学生个性化的数据和对于学生们掌握知识点情况的分析，而且建立了一种帮助教师运用各种手段进行差异化教学的模式。我们发现，学生每次问卷调查的反馈都非常积极，而且我们私下和学生谈话了解到的情况也很积极。

关键理念

请密切关注在试点中哪些方面管用，哪些不管用。密切观察已经运行的系统，补上忘记运行的系统，不断解决出现的问题。

有一些试点并不太成功，以至于在中学课堂上开展混合式教学时，我们不得不重新回到原点。一旦某项工作的方式已经固定成习惯，我们就不知道怎样去升级工作方式，这是一种情况。还有另外一种情况：

教师虽然喜欢使用数字化工具，但是不能够成功地将它与课程整合起来。而另一方面，我们发现学生要想应对繁重的在线课程，还得加大支持力度。进行试点可以使我们避免犯更大的错误，而且，由于只是试点，不会有人要求你把它推广到整个学校。有时候比起了解什么该做，什么不该做更能让你进步。

尝试全新模式，让学校取得重大进展

在美国各地，各学区和特许学校正在尝试采用新的混合式教学模式，许多模式打破了我们之前对知识传播方式的固有认知，创新了技术支持学习的方式，打破了旧的教学方式，打造了利用学校时间、空间改进教学活动的新方式。和我们当学生时相比，很多模式已经完全不同了。高峰公立中学联盟、美国火箭教育和联合升学公立中学联盟都是处于这一领域“最前沿”的组织和学校。对此，克里斯·梁·维加拉认为：

一切从“零”开始，或者“自下而上地反思学校的活动”会鼓励和促进人们去做更多“激进”的事情。例如，我们团队确定了六次机房转换模式——在每一座学校，我们都反思、重建教学日程，改进学生体验——无意间清除了很多一般情况下难以清除的效率低下的现象。因此，经过“新一代模式”或者“全新模式”（我喜欢这样称呼它们）的思维方式改进，学校和组织还取得了混合式教学之外的很多重大进展。

向正在进行这项工作的人学习，构思你认为对学校发展有利的事情。

最终，在阿斯拜尔，我们还没准备好（或者是愿意）抛开我们的教学模式来尝试一些目前还不确定是否适合我们的模式。我们感谢来自“特许学校联盟”和其他学区的同事，他们采取了激进的措施来开展混合式教学模式。从文化和实际的角度来说，让34所学校同时去做这项工作是不可能的，也是不明智的。

获取“徽章”

战略的规划者

- 首先确定评价混合式教学模式的标准和范围。
- 明确模式和行为理论。
- 精心打造试点，检验模式中的关键性构想。
- 评价试点，利用所学习到的东西，做出决策，以推动混合式教学模式继续向前发展。

第6章

三个准则，教你挑选混合式教学技术工具

在所有提出的问题中，这个问题问得最多："你们的混合式教学学校用的是什么软件程序？"我总是这样回答："这个说起来很复杂。"我们开始做这项工作的时候，我认为应该根据每个年级、每个科目、每个学生能力水平寻找最适宜的内容。但是，经过几年的失败和尝试之后，我意识到，为学生的学习挑选合适的软件需要不断进行权衡与取舍，才能提供"目前最佳的选择"。在本章节里，你会学到如何避免可能出现的错误，还会学到采取什么标准考量软件、选择设备。

挑选教学软件的三个注意点

挑选软件的方式有二：一种是为学校直接挑选好，另一种就是为学校缩小软件产品的范围，让学校的领导团队做出最后的决策，决定运行什么样的软件。因为学习教育技术和参加软件程序演示可能是非常痛苦和耗时的（仅仅一个演示就耗时30-60分钟），所以我便试着为学校缩短这一过程，从而让他们做出明智的决策，而且对最后的决

策仍然具有控制权。一些组织，如教育科技社区EdSurge和非营利组织“常识媒体”都开始创办软件网站，允许访问者可以根据需要搜索软件，阅读详细的关于软件特点的信息，这样能有助于缩小学校选择软件产品的范围。的确，这些网站非常有帮助，但是，由于软件更新换代很快（大家都深有同感），如果可能，请一定向实际用过该软件的教师了解情况。此外，这些网站不一定会阐明在实际运行中可能遇到什么问题，所以你必须采取一切手段自行了解。

注意1：当心“早期使用技术的人”对你的决策影响过大。往往，一些教师是“早期使用技术的人”，他们希望影响购买决策。尽管这些教师具有丰富的专业知识可供参考，但是下面的问题仍需注意：

- 推荐的软件能够彻底解决你面临的数据方面的问题吗？
- 这是一款即便是安于现状的教师都易于学习的软件吗？
- 在你的整个预算里，这款软件划算吗？例如，如果一名教师喜欢的一款数学教学软件仅仅是因为“分数制”，那么请考虑这款软件程序的成本，权衡学校数学程序的使用规模与价格的性价比。买完这款软件，还有足够资金购买其他数学问题的教学软件吗？如果不能，那么不要买这款软件。
- 这款软件提供的数据与你认为的“真实”数据相兼容吗？即这款软件可以提供符合标准的数据吗？该数据符合你的标准吗？软件能够导出数据从而合并到其他的成绩数据吗？

注意2：从开展混合式教学的其他人那里获得好的理念，但是务必要提出很多问题，以确保你愿意做出类似的权衡。经常有人问我，我们使用的是什么软件，但是，我总是谨慎地回答这个问题，因为我担心提问者并不会像我那样权衡取舍，或者他们会认为这款软件也能够解决他们的教学问题，尽管他们的这些问题与我的问题是完全不同的。

比如我给一个朋友打电话，询问她一款软件的使用情况，而这款软件也正是我感兴趣的，于是我问了她以下问题：

- 你把它用在哪个年级或者班级里？是用于所有的学生，还是那些必须通过教师干预才能使用软件的学生，还是那些熟练程度高的学生？
- 学生每周在该软件上花费多长时间？
- 你见过比此款软件更好的产品吗？（对于我来说，这个问题无论怎么回答都难以令人信服，因为这个测量标准是很难衡量的。然而，对这个问题的回答会使我更加清晰地了解学校教职工如何看待该软件在教学中的运用。）
- 为什么你要选择这款软件呢？你喜欢它的哪些方面呢？
- 这款软件的哪些方面是你所不喜欢的呢？（通过这个问题，我非常想进一步探讨所有的挑战——无论是技术方面的还是教学方面的。请务必注意，如果选择了一款软件来推进工作，就需要了解其相关信息，保证工作顺利推进。有一款软件，我曾经问过一位我信得过的朋友，他告诉我当该软件程序使用了大约六周的时候，学生们就开始厌烦了。这就是一条很有用的信息！）
- 当出现需要解决的问题时，软件公司对此是如何回应的？你喜欢与该公司合作吗？

潜在的技术挑战或许包括以下几点：经常会导致死机的有漏洞的软件；幼儿园的孩子不喜欢登录的用户界面；学生无法看到他们自己

在成绩上的进步；只有部分的网页浏览器可以支持该软件；软件销售代表客户服务质量不佳；数据仪表板功能不够强大或者不可导出（“可导出”是指文件可以轻松地从一个软件分享给另一个软件），或者数据仪表板需要很多次的鼠标点击才能得到你想要的数据；在某些设备上软件加载缓慢，内容配置繁杂（决定了学生将要学习的内容）。这样的例子不胜枚举。

可能遇到的教学挑战包括这几点：学生的参与度不同；教师或学生的训练负荷重；一些学生难以独立完成，需要成人的额外支持（这的确不利于教师划分小组）；“掌握程度”似乎有问题；一些内容比另一些内容更加符合“国家标准”；内容只针对某一特定人群而设定，不适宜其他人群。这样的例子很多，不再一一赘述。

按照你的计划，其中的一些挑战可能得去应对，然而另一些就可能不用，这取决于你打算怎么做。而且我们也接触过许多软件，在这些软件上，我们的确做了很多功课，我们以为它们会是很棒的软件，可是到最后却发现，这些软件并不适合我们。出错是难免的，但是请不要为了省钱而签订长期合同，不然你将会花几年的时间去弥补这个漏洞！

位于华盛顿州的卓越公立中学联盟选择软件的方法稍有不同，因为学区负责人希望学校根据教师的反馈意见在整个学区做出他们自己的选择。蕾切尔·克莱因是卓越公立中学联盟学生发展中心主任，她分享的观点是：“我们把内容的选择缩减到三款初级的数学软件，然后让学校从中最多选出两款软件在各年级里使用。随即，我们联合18所学校一起举办了一项活动。教师们聚集一堂，相互分享他们各自不同的看法，技术供应商也参加并回答了问题，接着学校根据双方的反馈意见，选择他们明年使用的软件。”这种方法可以使教师与校领导共同协作，而且由于目标明确，只需很少的时间，学校就可以做出选择，决定使用什么样的软件。

不要忘记还有来自现在和往届学生的反馈意见。飞跃创新公司的克里斯·梁·维加拉采用下面这种方法：

从你所教授的难度最大的科目中选出一门，然后使用该软件，让你的学生体验一下该软件。这种软件比现在的课程好吗？它是如何补充你所讲授的内容的呢？学生值得花费时间使用该软件吗？每年选出学生掌握得较好的一个主题，让教师使用该软件，讲授有关授课内容。游戏、铃声、得分及所有的这一切都很有趣，但是到了最后，这些很快就失去了吸引力，而你则陷入左右为难之中：是选择有品质的课程和教学内容，还是选择一堆外表闪亮、内容浅显的教育娱乐化的游戏？

汲取的教训

使用该软件中的学生成绩数据，可以对该软件的性能有更好的了解，清楚该软件的优缺点。在正式开始混合式教学之前，我们在许多分校就试用了一些软件程序。这些软件的用法有很大的差别：可以用于填补技能空白，也可以用于课上、课下、补习这些不同场合的辅助教学。不同的人用起来差别很大，教师、代课教师、长期代课教师、教学助理、教育专家用起来各有不同。我们没有该软件使用的操作性指导原则，或者普遍接受的行为理论。在很多情况下，是教师和校长认为有一点儿总比什么都没有的好，而不顾实际的使用和实施情况。我们曾经在整个学校运行过一种特殊的软件程序，在一年内，2000名不同的学生登录使用该软件程序。然而，至于该软件是否能够有效地提高学生成绩，我们并不能给出明确的、有数据支持的答案。一年之后，我们开展了一次大规模的数据转储，来找出问题的答案。我们从中学到很多有启发性的东西。经过大量的分析，我们确定学生在全州水平考试中的成绩会得到很大的提高，如果他们同时符合以下三个条件：

- 他们是4–7年级的学生。
- 他们处于“远低于基本要求”和“低于基本要求”的熟练水平。
- 最重要的是，他们使用该软件要超过30个小时。

尽管这是非常鼓舞人心的消息，但是，令我们感到很沮丧的是，许多学生使用该软件少于30个小时，或者该软件对许多学生没有显著的帮助，因为他们不是目标群体。浪费掉的20个小时的教学时间，如果用于小组教学或者有实际目的的学习活动可能会更好。如果为了提高学生的成绩而安装并启用软件，那么必须坚持达到推荐的上机小时数，并针对特定的目标群体。

注意3：不要轻易相信软件供应商所提供的软件数据或者他们提供的研究结果，除非你验证了效果。“在这一点上，任何人都可以说他们符合‘国家标准’，然而，直到他们的软件产品通过了可靠的评估验证，他们才可以想怎么说就怎么说”，卓越公立中学联盟的蕾切尔·克莱因这样提醒道。如果没有一个强大的数据系统，那么很难验证数据是否有效，但是，如果有了软件的帮助和其他可靠的考核结果，即便是创建出一个简单的成绩电子表格，也能帮助教师们更好地了解在线活动的安排和作用。按照要求严格执行，也会对成绩数据产生很大的影响。软件供应商提供的研究性结果很可能与你的数据不同。确定学生每周应该花费在该软件程序上的时间，如果可能的话，还可以找出“达到熟练水平的学生”每周必须学习的课程数或比例，以达到最好的效果，然后，再与你自己的实施情况进行量化核对。

如何快速挑选教学软件

从教学软件中，快速地知道什么是你想要的和不想要的，这需要一定的时间与精力。

关键理念

首先列出那些你认为是毫无商量余地的条件，再开始挑选你的软件，这样做将有助于缩小软件选择的范围。请你认真考虑技术的限制因素、教育视野、混合模式。尽管一开始你会觉得很受限制，但是当你在众多的软件供应商中做出艰难的选择时，这样做会帮你保持清醒的头脑和正确的判断力。

以下这些条件对我们来说是无商量余地的：

• 软件必须是基于网络的，而非本地安装的，由于我们的人手有限，无法去安装并升级所有电脑的软件程序。

• 内容必须符合“国家标准”。

- 内容必须是自动适配或者可指定的，或者两者兼顾。
- 学生们可以在没有教师的帮助下，进行自主学习（因为我们想让教师把精力集中在小组教学上，而不是放在解决学生在上机时遇到的问题上）。
- 软件产品有数据仪表板，能够追踪学生的进度、标准掌握程度、完成任务的时间，而且数据可以导入到我们的系统里。
- 一旦学生完成了指定的课程或标准，系统可以不断地提供其他的课程。

来自美国火箭教育公司的朋友给予我们很大的帮助，他们与我们分享了评估软件的评价量规，帮助我们学会了如何选择正确的软件。当评估新软件时，虽然我们并没有填写评价量规表，但是我们的确运用了该评价量规上的分类，将其作为筛选软件产品的一种方法。我们对每个标准的描述就是我们对该评价量规的思维方式。在本书中，美国火箭教育公司也慷慨地分享了他们原始的评价量规（该评价量规表见附录6）。

标准一致和内容覆盖面

一开始就保证达到标准，对我们来说，是相当有必要的；要保证高质量的内容，以及保证充足的时间（每一主题、每一年级保证至少100个小时的内容量）。我们发现，市面上许多软件产品虽然看起来不错，但是既没有清晰的标准，也没有数据仪表板来按照一定的标准显示学生的熟练程度。如果数据不以标准为基础，那么就无法对照我们的其他标准，来测试该软件程序的效能。而且坦白地讲，内容不符合标准表明软件公司方缺乏严谨的思维或公共教育的意识。请询问软件供应商软件是如何与标准保持一致的。此外，当某软件程序能够提供“国家标准”覆盖的实际比例和清单，那么教师就知道某特定软件解决什么、没有解决什么，我们对此很欣赏。

而且，我们还要研究软件产品的某一特定年级和某一主题领域有多少实际内容。如果该软件产品每个年级的内容少于100个小时，那么我们无法确定学生在不到一年的时间里会不会用完该软件的内容，并且在年中时我们的预算和时间都很有限，只能添加一款新软件以及接受一项额外培训。我们发现许多在线图书馆表面上看起来似乎还不错，但是当计算了可供每个年级使用的书籍数量时，我们就会感到很失望。

如果计划在一个年级里使用多款软件程序，那么请你考虑这些程序将如何一起协调运行，而且在安排如何使用时，也必须精心设计。任职于飞跃创新公司的克里斯·梁·维加拉认为，“鸡尾酒法”是一种解决方案，让软件给学生提供一定的变化和不可预测性的体验。如果学生每天进入相同的软件程序而且持续一年、两年甚至三年，很可能他们就会对此感到非常无聊。既有替代软件，也有主打软件，同时又要考虑体验的多样化。

当然，在所有的这些建议中，大家都认为，所选的软件程序应该提供高质量的内容。

评　估

如果软件依照评估前水平和评估后水平衡量学生的进步，判断学生是否准备好学习未来单元，而且当理想的软件基于数据的补充内容时，教师就可以使用该软件，评估学生的进步以及学生对该软件的掌握程度。我们获取评价数据并检验它，通过我们内部衡量标准数据和国家评价数据，来评估我们所选软件的效能。不是所有的软件都能提供诊断性评估；一些软件提供嵌入式的形成性评估，帮助学生自主地进行学习。无论是形成性的，还是总结性的，抑或是两种性质兼备的软件，该软件的评价引擎都应该基于每个学生的评价水平来进行内容补充。最终，我们不会选择没有建立可行性评价系统的软件。因为如果没有这样的系统，软件只能根据学生的学习情况和积极性，给教师提供很少的帮助。

适应性

当使用术语“适应性”来描述软件时，其含义是指使用软件对学生进行评价，对软件进行调整以符合学生的现有水平，并且根据他们当前的水平给予指导。然而，这一术语的实际运用是因产品而异的，评价引擎大相径庭（请参见表6.1）。

表6.1　适应性软件的利弊

利	弊
有利于学生进行自主学习 运用技术来做教师不能做到的事情（或者教师不容易做到的事情） 学生不用到处点击鼠标，也不用从一个活动跳转到另一个活动，就能达到最好的定向学习的效果	可能是个“黑匣子”，使教师们彻底被排除在决策制订之外 对于习惯控制学生学习什么内容的教师来说，可能会感到无比沮丧 如果期望这个软件程序能提示教师进行干预或者指导，那么教师需要找到方法信任该软件及其评价

你可以用下面列出的问题来询问软件供应商：

1. 该软件产品能不断地适应学生实时（随着学生正在使用该软件程序）所处的水平吗？

2. 该软件产品能使用适应性测试来决定内容（学生将学习什么内容）的提供吗？

3. 该软件能够两者兼顾——既做到实时适应，又可以使用适应性测试来决定内容吗？

4. 如果学生做错了一道题，那么该软件仅仅会重新再指定内容吗？

5. 如果学生没有通过测试，那么他们会重复做这些功课，还是会被分配做新的功课呢？

汲取的教训

尽早给教师传递信号，让他们习惯非同步学习。关于学生非同步学习内容的教学计划，给出一些范例（例如自主阅读和数学学习计划）。你将需要建立一种文化氛围，允许学生在不同时间学习不同的内容，如此这般，就会真正地利用好软件中的个性化学习。

可分配性

“可分配性”是指教师以自动、高效的方式，对授课内容的分配进行管理。

按照这种方式，教师可以把某一部分内容“分配”给某些小组或学生，而把另一部分的内容分配给其他小组或学生。尽管“可分配性”允许教师对内容排序，并根据教学的需要，进行平行教学或差异化教学，但是这一功能的使用是有代价的：教师用来分配内容的时间。分配内容取决于所使用的软件，但是它的确会花费教师许多时间。如果一些学生可以在一周内完成他们的数字内容作业，另外一些学生在三周内完成，而另一些学生却需要五周才能完成，教师需要始终不断地给学生提供挑战内容。一些软件产品能轻松应对这一任务，但还有些软件做不到。

局部适应性和局部可分配性

虽然尚未做到真正地两面兼顾，但是一些软件产品也在尝试朝此方向努力。尽管软件产品会不断地发展升级，但重要的是，要达到教师对软件的期望，即希望软件既具有适应性又具有可分配性。如果教师试图控制学生上机时所做的一切，那么教师其实是正在阻碍技术对学生进行个性化学习，有时候可能仅仅是把活页练习题数字化了。我们见过一些教师给学生布置上机的“额外作业”来提前教授或复习某一概念，然后再让学生开始个性化的学习。通过这种方式，上课之前，教师们既能够利用可分配性，同时又兼顾适应性，从而使学生能够根据自己的水平进行个性化的学习。

应用程序编程接口和数据整合

当学生的成绩数据可导出时，教师和学校领导就可以分析混合式模式实施情况的效能，发现该软件程序的优缺点，并最终与其他可信数据一起将学生数据可视化。应用程序编程接口（API）是个有点令人生畏的术语，它主要用作描述两个系统是如何兼容的。如果供应商有一个开放的API，那么我们就可以很容易地把该供应商的系统与我们自己的系统相连接，这样我们就可以把该程序的数据与我们的数据库进行很好的无缝对接，而且也可以实时地在我们系统中看到该程序的数据。随着我们对软件数据不断地深化利用，这种连接性能是我们理想的要求。然而，我们所使用的软件产品很少有开放的应用程序编程接口，因此那些愿意与我们进行合作，并把他们的程序数据与我们现有的数据库或其他系统整合在一起的软件供应商也值得我们好好赞赏一番。我们想要，也需要对学生的数据进行测量，从而了解有关我们实施的效能和学生成绩的情况。我们已经开始根据教师的反馈来构建我们自己的数据仪表板，从而可以找出方法来加强实施。尽管一些软件产品也为教师提供了不少数据仪表板，但是我们想要的是新的且详尽的数据分割方式，以便教师能够使用这些数据。

我们感激供应商所提供的“单点登录”、自动账户供给和数据整合的潜在功能。如果不能使数据从软件中导出来，那么我们甚至连试用一下该程序的兴趣都没有。

课程设置

我们寻找的是研究型的教学设计、在现场测试中可以示范的学生成果和使用多个教学法讲授和再讲授的教学系统。的确，这些软件产品中许多是新软件，而且为了他们自己的营销效益，公司使用的是一些内部“研究”。但是，当我们拿到这些软件时，我们仍然要做调查。我们寻找多种教学法，包括音频的、书面的教学法和多视觉法来讲授概念。我们不想让学生把软件仅仅当成数字化的应试“活页练习题”，我们想让学生采用多种方式来学习概念和技巧，而且当学生遇到问题时，我们希望软件可以提供不同的教学法，帮助学生更好地掌握学习内容。

参与度

尽管技术一开始可能会很吸引人，但是随着时间的推移，学生对任何软件程序的热情都会越来越少。我们期望的是，当学生展示他们的学习情况时，该软件程序可以给学生提供一种内在的激励系统（如游戏或奖励）。我们很重视学生的参与度。如果一个程序对于学生们来说没有吸引力，我们就知道他们将不会努力去完成任务，而学习也不会有所进步。

成　本

在决定选择什么样的软件产品时，成本是一个重要的考虑因素。在计算软件的成本时，确保把培训成本（如果还有与成本相关或所需的成本）包括在内，并除以使用软件的学生人数来进行同类比较，因为除了软件使用的注册费之外，许多软件供应商还收取不同价格的培训费和维护费。我们做了学生人均的软件经费预算，当为整个学校购买软件时，这么做会使我们明白权衡比较的重要性，虽然我们也意识到针对某些年级水平和学生人数的软件成本可能会高些或低些。

由于预算的经费有限，我们不得不问自己这样一个问题：什么是最佳的资源分配，怎样分配才能使有限的资源对学生的成绩产生最大的促进作用呢？假设预算一下学生人均的软件经费，比如说，一个学生100美元的预算经费，当选择软件时，我们心知肚明会需要做一些权衡和比较。例如，如果我发现最理想的五年级以下（K-5）的数学程序对于学校来说，每个学生仅需要25美元，那么我就会有足够的预算空间，找到不错的英语语言艺术程序，而且可能的话，甚至是数字阅读程序。可是，如果我喜爱的数学软件是每个学生75美元，那么我就知道对于英语语言艺术软件的选择将是很有限的。尽管该软件中有一些关于分数教学很棒的程序，甚至只把20%的预算投入在分数教学上，但是我也不能选择它，因为在研究英语语言艺术和数学成绩时，也要考虑到分数教学可能仅对几个年级的学生是个挑战。同样，如果一名教师喜爱一个软件，但是如果它对学校整体的使用意义不大的话，那么你就需要根据学生的成绩数据与其他软件程序的成本，进行分析和权衡以便正确评估，做出深思熟虑的采购决定。

当得到软件的报价时，要反复地检查你的报价和发票。为了进行混合式教学，我们每年下不同类型的采购订单，相比于其他类型的采购报价，我们的软件报价总是会出现很多的错误（很少是对我们有利的）。但请记住这一点，一切都是可以协商的！

培　训

所有软件的培训都是不一样的。有一些软件，我们推荐使用导师培训模式，而对于其他一些情况，我们推荐软件销售代表提供的培训。我们对培训的选择往往取决于该软件的复杂性、培训师的实力、培训的成本以及培训所需的时间投入。最后，要求的培训可以按照我们的需要订制基本、实时培训。如果软件销售代表告诉我，他们需要一整天的时间进行培训，我只是一笑了之：校长要挤出一整天的工作时间，进行软件培训，这在阿斯拜尔是闻所未闻的。如果一个软件产品需要那么多的培训才能开始使用的话，那么一开始可能就要投入太多的劳动力才能使之运行起来。一旦学校对一款软件产品感兴趣，我们期望校长从教师专业的发展角度，对该软件产品进行投资，但是该软件仍然需要一个“自动运行装置”，否则没有人会使用它。一旦学生使用该软件，生成了6-8周的数据，那么就要安排后续的培训，以便更深入地了解该软件的特性，进行数据分析。任职于飞跃创新公司的克里斯·梁·维加拉建议：“建构支持的接触点（即产品终端客户接触到的产品相关特性），因此，在每年启动之前，都要做一些至少为期1-2个月，最好是4-6个月的准备。”

软件管理：少即是多

每添加一个程序，就会增加管理设备中软件的复杂度。这一复杂性包括每个软件程序的白名单（经认可或批准的一览表）和影像文档，判断哪个网络浏览器可以支持所有的程序，发现哪些销售代表能够提供帮助与支持解决软件缺陷，把数据分发给教师，分析全校范围内的数据。因此，在学校里运行的软件越多，校长就越难建立起全校范围认同的文化，而教师之间也越难开展合作，越难排除软件故障。

可行性

有时，在学校开始实行混合式教学时，最好的并不是最容易上手使用的软件。程序的执行可能比想象中更加困难，因为在设备中使软件运行起来需要技术支持或者需要给教师提供一定量、必要的培训，以确保程序能够成功运行。在第一年，我们宁可选用更容易执行的程序，因为程序在第二年更容易转换。当挑选最初的软件程序时，请记住要选择使用方便的程序。

永远不要低估一名优秀软件销售代表的价值

最初，我们并未深入地想过，软件销售代表在我们的实施过程中所起的作用。我们原以为，我们就是把采购订单传真给他们以及把学生的账户信息提供给他们而已。但是，我们很快就意识到一名软件销售代表可以以各种不同的方式促成或破坏软件产品的使用。请找到这样的软件销售代表：当你打电话给他时，他会接电话，能够给予你帮助并且有求必应（尤其当你遭遇软件缺陷或者突发的软件升级导致的软件不能正常使用时），而最理想的销售代表是，他愿意就提供更好的数据或者更低的价格展开谈判。请不要找这样的软件销售代表：早上七点就给你发信息，或者你只询问一所学校报价，而他们会把你系统里所有学校的报价都一股脑地倒给你，或者每次你打电话问他们问题时，总是过一会儿才回你电话。询问其他实施混合式教学的学校领导，询问他们的软件销售代表的情况，并且在招标过程中真正地考察好你的软件销售代表。

懂得权衡取舍

说真的，即使软件数量在不断地增加，但是当你想尽快使混合式教学启动起来时，才发现可使用的软件数量其实非常少。首先来看数据：什么样的学生成绩问题是要“借助”软件帮助解决的？是阅读问题，还是写作问题？请从下面两个方面来考虑：

- 软件支持学生的学习（练习、活动等）。
- 软件支持教师的教学（即该软件允许教师给一组学生讲授，同时另一组学生上机操作）。

两者都提供提高成绩的机会。

进行短期的软件试点

对于教师来说，进行2-6周的软件试点是测试软件产品的好办法，并且也可以更好地理解你真正想要什么和该软件是如何在试点中运行的。飞跃创新公司的克里斯·梁·维加拉建议：

试点、试点、试点；标准、标准、标准。与专家交谈（其他学区、学校、使用者）以列出一份简短的软件清单，不过之后需要与学校的员工和学生一起体验。这对于学习曲线很有帮助。而且你也会发现其实你不知道真正想要什么，直到在现实的工作中尝试了一些事情之后才会知道。例如，我们的教职员工一开始想让所有的软件程序都具备高度的可分配性，因为他们习惯了在纸质环境下进行控制。但是经过两天的试点之后，在团队讨论时，他们却一致明确表示这一做法没有可操作性，并提出需要一些具有预设课程或适应性的软件。如果教师没有在其真实的日常工作周期中进行实际的试点，那么就不可能知道其实我们真正想要的是具有此功能的软件。另外，请在暑假之前或更早些时候就把所有的事情都决定下来，这样在暑假计划之前就可以把所有的资源都确定下来。

适用于某一学校或组织的软件可能完全不适用于你们学校的特定情况。试点确保该软件在你们学校可以运行。来自KIPP基金会的安纳本·巴特查里亚解释说："首先确定学业目标，然后再确保所有关于模式、计划、物理空间使用量等的决策都已经做出。当这些参数全部被输入准备就绪之后，许多程序就能'自动选择'了。"

邀请其他相关人员参与决策

蕾切尔·克莱因所在的卓越公立中学联盟所用的方法稍微不同。在学校领导把一切都准备好之前，他们与软件供应商和他们所信任的朋友之间进行了许多次的谈话。之后，克莱因和她的团队再与区级内容运营专员进行商议。他们的学校得到他们项下的所有资金，但是他们从卓越学校的内容运营专员人才库又回购了服务。他们的内容运营专员在教学理念、教学风格等方面都保持高度的一致，因此，在卓越学校与教师交谈了解情况之前，这些专员便是开展调查的优良资源，而且在他们对教师进行指导的过程中，还可能会使用到工具。而一般来说，当需要时，这些专员会负责把工具带到学校，并以工作嵌入式的方式和教师进行探讨。

任职于E.L.海恩斯公立特许学校的珍妮·张关于如何推动学校领导做出软件的决策，提出了这样一个观点：

为了充分、高效地利用全部的校本教职人员的时间，我通常设法把选择的范围缩小，着重突出前两三位的选择，然后概述每一项选择的利与弊以及差异化特点。我在哥伦比亚公立学校学区时，总部正在探讨哪一种数学混合式教学平台和资源是我们在区一级应该考虑支持的。在任何重大的采购之前，我们都会邀请教师、教学指导员以及学校管理人员来听取软件供应商历时两周的软件介绍演示，并且每次会谈后，让入会人员立即提供反馈。这个机会使得教育者们有可能看到（并且经常直接探索）每个程序，有机会提出符合他们自身的个性化问题，有机会估计他们是否想在自己的课堂和学校里使用该特定资源。同时，总部人员能够通过校本人员的眼睛，就如何有效地使程序有针对性地满足需求，“审核我们的理解”。至少有人应该有软件产品领域的前瞻性视角，应该从教师和校长那里得到关于什么能更好地满足学生需求的反馈。

考虑学校的文化

尽管我们认为，学校文化是阿斯拜尔开展工作的基石，但是我们当时并不能完全理解混合式教学模式如何适应我们的学校文化。最初，我们从三个方面定义了“文化契合”。我们实施的混合式教学模式必须包括以下几方面：

- 符合阿斯拜尔的教学方法，该方法是我们支持教学的最佳实践。
- 符合我们的发展战略和首要任务，以及我们整个组织的大目标。
- 给我们提供的数据可以与其他数据进行无缝对接。例如，学生的信息系统、学生的成绩数据以及我们的评价数据。

我们并不想运行一个与阿斯拜尔其他分校并行运行的程序，这样我们就会有两个系统同时运转。简而言之，我们想让混合式教学“响彻阿斯拜尔”。唯有你和你的团队知道了“响彻你们学校的混合式教学”意味着什么，那么我才会鼓励你进一步探究它，并把它当作重要标准牢记在心。

事后回想，文化不仅是在表面上和数据系统上相符合，还包括混合式教学如何无缝地符合学校日常的教与学。我们不想权衡混合式教学模式大纲的基本原则（团队会议、数据解读、职业发展体系、教学方法、“一定上大学”的项目等），而是想要整合混合式教学，让混合式教学完美地融入学校之中。克里斯·梁·维加拉是这样说的：“混合式教学应该融入学校的核心文化之中。如果有一个学术界或体育界的颁奖仪式，那么混合式教学都应该是其中的一分子。班级的文化体制也应适用于混合式教学模式，它是学校基因的一部分。”当有教师或校长对我们说“我只是无法想象如果现在没有混合式教学，我们的学校会是什么样子”时，我们就知道混合式模式已经成功实施了。

汲取的教训

请注意软件选择对于整个学校文化的影响。

当我们开始时

- 我们为每个年级最佳的内容区域选择最佳的程序。
- 我们假设软件如同已采用的课程一样也是一种资源。
- 我们假设教师在课堂上会“发挥”软件的作用。

挑　战

- 教师不能比较学生相互间的数据。
- 教师在学习该程序时不能彼此帮助提供支持。
- 校长不能帮助教师为如此多的程序设定目标。
- 我们不能嵌入任何的学校性数据激励机制。

现　在

我们尽可能地将软件的选择进行限制，给K–5年级的学生提供一款英语语言艺术课的程序和一款数学课的程序，对于6–8年级学生提供两款不同的英语语言艺术和数学课的程序。我们还未能找到一款软件可以有效涵盖K–8学生所学的全部内容，因此我们既要对管理的软件数量进行限制，同时又要重视高质量的软件内容。

有关测试版软件的若干思考

仍处于测试阶段的软件也被称作“贝塔软件”（贝塔软件，即测试版软件），无论是对于预算有限的人们，还是对于开发阶段软件的用户订制功能感兴趣的人们，这都是一个有吸引力的选择。但我很清楚我不会在我们学校的混合式教学中使用测试版软件。因为在我的这个团队里我既没有这个能力，也没有这个耐心等待早期问题的解决及其承诺的兑现。而且我不想使混合式教学完全依赖于软件的产品功能，当然软件开发商是希望随着时间的推移可以实现该功能的。

如果你正在考虑使用测试版的软件产品，要确保你了解现在购买的产品，并确定你现在所需要的内容已经开发好了，因为软件的开发往往比你预计的时间要长。关于测试版的软件产品，飞跃创新公司的克里斯·梁·维加拉说得更加明确，她说：

实际上，它总是比你预计的时间还要长。除了测试版的软件产品之外，还要留意测试版软件公司或者新公司。除了发现程序有错误之外，我们还发现此类公司正在学习如何扩大规模和提供个性化服务等，所以作为客户的你会在多个领域中感到痛苦。请不要相信PPT演示或是口头宣传。要亲眼看到其正常运作。我认为他们并非蓄意而为之，但是过度承诺这一现象在测试版软件领域里随处可见！他们承诺的那些功能可能最快一个月、最慢六个月完成，或许永远也不会完成。

然而，一些组织，例如我的朋友所在的高峰公立中学联盟就把测试版软件产品当作巨大的机会，可以订制或塑造产品，满足他们个性化的需要。火箭教育的卡琳·沃斯库解释说：

我们对使用测试版软件产品采取一个开放的态度，特别是如果该软件公司愿意接受反馈的话。塑造产品以适应我们的应用是非常重要的。我们曾经需要一个软件产品做某项非常具体的事情：每天大约用7分钟的时间去提高数学运算速度。我们帮助酝酿并开发了该软件产品，因此我们的教师和学校领导对此都非常投入。

如何谨慎挑选硬件设备

决定购买哪些设备也一样是困难重重。你已经读了本书的这么多内容，而还没有购买实施混合式教学的设备，那你做得很对！设备应该是最后考虑和决定购买的东西之一，因为不应该是设备驱动教学大纲，而应该是你希望用混合式教学解决的问题驱动教学大纲。

对设备的成本有一个清楚的认识

对于购买设备，无论是平板电脑、笔记本电脑或者是其他的设备，成本不仅是购买设备的最初价格。如果可能，确定其维修价格及更换需要的时间期限，以便对全部的成本有一个清楚的认识。一定要把教职员工进行电脑成像（假如有必要）、管理电脑设备和账户以及给学生提供账户的时间成本计算在内。与技术团队和财务同事就时间和成本估算进行交谈，并且要保存好这些记录，当开展混合式教学时，可以在必要时调整这些数字。

问自己：我想让学生在这个电脑设备上做些什么

最后，这个问题很重要，因为它将驱使你做出设备采购的决定。如果你的回答是要求超带宽、闪存的程序（尤其是插件程序），那么当务之急就是检查一下该软件的技术要求与你正在考虑的电脑设备是否真正兼容。如果电脑设备不能运行所选的软件，那我们是不会考虑该设备的。如果想让学生使用平板电脑，请不要忘记把键盘的成本计算在内（而且要考虑到无线键盘可能会导致额外的网络流量，甚至造成干扰）。

我们会被一些低成本的设备所吸引，原以为这些设备也会解决我们的许多问题。然而，当运行一些软件进行测试时，我们发现使用软件的学生总是被程序不断地踢出来而不得不再次登录。当你寻找设备时，有的设备很有吸引力，有的设备价格很便宜，还有的设备技术很先进，这些设备都是很有诱惑力的解决方案。而且，必须承认我们几乎会落入这样的陷阱，那就是选择设备之后，才来搞清楚我们可以在这个设备上运行什么。请不要这么做！设备不应该负责解决你的教学问题！由于我们遇到过使用低成本设备而带来的问题，在考虑了所有情况之后，我们最终决定购进数量较少、真正质量好的设备，而不是数量较多、价格便宜的设备。

测试电脑设备

牢记我们所做的，才能知道更应该怎么做：在我们总部的网络上，由成年人在设备上对每一个程序进行测试。老实告诉你，这并不是检测设备的最好方法，而且你也得不到所需的批评性反馈意见帮助你做出深思熟虑的购买决定。

汲取的教训

在做最后的决定之前，对电脑设备进行全面彻底的检测。我们其中的一所学校在开展混合式教学而进行大量采购之前，“测试”了一台笔记本电脑。然而，一旦我们让所有的电脑设备都准备就绪时，就会出现问题。在幼儿园和一年级的课堂上，混合式教学助教发现每次转换结束时，许多学生的电脑上有20个或更多的浏览器窗口被打开。

当进一步调查时，他发现了很奇怪的一点：笔记本电脑触控板的上端有按键，而不是通常所在的下端位置有按键。当年龄最小的学生点击触控板（而不是按键）时，他们经常会点击触控板的右键，结果就会有窗口弹出。由于害怕做错了什么事情，他们只是胡乱地点击。当他们这么做时，Chrome笔记本电脑的浏览器就误认为他们想打开一个新窗口。更糟的是，我们不能禁用该功能或者要求Chrome不要这么设计。幸运的是，这个问题一天内就可以解决：我们为所有的笔记本电脑购买了鼠标。

我们怎么强调这一点也不为过：请和学生一起在学校的网络上对多台笔记本电脑进行检测，同时使用计划购买的实际软件。学校的网络与总部的网络——从网速到传输路径的处理，再到网路过滤器的安装——都有显著的不同。

考虑设备将如何在教室里运行

在教室里，管理可能朝向不同方向的30台笔记本电脑或平板电脑与管理面向教师沿墙排成行的10台台式机是完全不同的，不仅在于课堂管理的理念不同，而且在电源、电池寿命以及网络连接性能方面上也不同，更不必说存储和线控了。考虑一下你想要如何安排课堂的进度，学生如何接管和离开电脑，教师如何知道学生上机时发生了什么以及教师如何计划使用设备以促进教学。学生在上课的过程中会灵活使用该设备吗？学生需要打字时间吗？需要把电脑搬到他们的书桌上吗？（最后的这一项就是为什么我们不太想让幼儿园的孩子使用笔记本电脑。）

做长期预算

我见过不止一名校长预订了笔记本电脑手推车后就完事了，希望可以在未来的10年里持续使用。而我也见过许多机房里的计算机已经太过陈旧，用起来很痛苦，但却没有明确的计划或预算对其进行更换。为混合式教学的学校订购计算机时，需要把更换三分之一设备的预算计入学校的预算之中，因此这是一个长期的计划。

自带设备怎么样

你有技术支持系统管理许多不同的设备吗？我们没有，因此我甚至不会考虑走这条路。如果考虑朝这个方向走，那么请与开展并示范“自带设备”（自带设备，又称自带技术，指的是人们将自己的笔记本电脑、平板电脑、智能手机带到学习或工作场所）的人们交谈，向他们学习。一定要仔细考虑“自带设备”对教师的影响。但是影响最大的最终可能还是课堂，因为不是每台电脑的运行方式都完全相同。

GO Blended!

获取“徽章”

战略的规划者

- 关于软件的选择，一开始就要有清楚的理解和参数：
  - ★ 根据需要，学生的成绩数据表明了什么
  - ★ 实际你一次能处理多少软件
  - ★ 根据最初的培训和测试，哪个软件是可行的
  - ★ 软件销售代表回复是否迅速
  - ★ 你能顺利地运行测试版软件吗
- 在选择程序时，请好好权衡。
- 运用严谨的思维与权衡的标准对软件产品进行评价。
- 在选择设备时，请思考将如何使用设备。
- 推算出拥有设备的真正成本，并且计算出在预算中必须购买的设备（以及几年之后进行更换的设备）。
- 测试设备时，请在学校的环境及网络里让学生进行操作，同时使用计划购进的软件。

第7章

学生数据的妙用

在阿斯拜尔公立学校联盟里，感谢有神奇的数据分析团队——阿斯拜尔数据整合团队（又称“哥斯拉”，最终孵化出“思古斯拉”公司，该公司为全美的学区和特许学校提供数据解决方案）、阿斯拜尔领导力与文化、数据的支持者（即一些同事会帮助教师和学校领导将我们的数据可视化）和数据的驱动者（即一些教师在学校里会支持其他教师，学习使用数据驱动教学的最佳做法），我们才有强大的数据驱动文化。阿斯拜尔教师能高效地利用数据。“哥斯拉”数据技术团队收到了来自国内及国际的赞誉，而且现在“思古斯拉”正在使一些工具可以在学区和特许学校联盟内被更加广泛地使用。我们的教育工作者使用一套用户友好的数据分析工具，可以允许他们在一个友好的门户网站里，观察关于学生取得的成绩和教育者取得的成效的多样化数据。教师每周或者每隔一周在团队中进行会面一起解读数据，相互交流询问，共同确定发展趋势以及下一步的教学内容；管理者要关注各种各样的数据点，以便今后在员工、资源、支持以及预算方面做出决策。

然而，尽管文化有丰富的数据支持，但是仍必须搞清我们课堂上混合式教学软件的数据作用。本章将探讨多种方式的学生混合式学习数据的使用。

学生混合式学习数据该如何使用

学生在混合式教学的课堂里使用的学习软件能够生成学生学习进度的数据。在许多软件程序里，各种表格和仪表板的数据都可以使用。下面是教师可以利用的线上软件生成数据的一些方法。

设定班级目标：教师可能希望基于学生线上软件的表现情况，为他们设定一个班级的成长目标。对于所有的学生来说，设定的目标都可以达到，这一点是非常关键的。特别是，这些目标对于建立一种混合式教学的课堂教学文化是很有用的。

设定个人目标：某些学生或许经过努力才能达到某一具体标准，因此，为每名学生设定目标会激励他们去达到有挑战性的标准。

告知教学内容：如果班级的大部分学生经过努力才能达到某一标准，那么教师可以决定，把更多的练习包含在全班的渐进式复习或针对性小组活动之中。

一对一观察：有时数据会表明，教师或混合式教学助教或许需要坐在学生的旁边去观察该学生上机时的活动。

检查执行的实际情况：你需要观察数据，以便决定如何在学校层面上有效地执行该程序。例如，学生在上机时是在最大限度地利用时间进行学习吗？或者是一些学生是在重复自己的课程，而他们的进步却远远小于其他同龄人？或者是一个班的学生每小时取得的进步小于其他同年级的同龄人？或者是所有的学生在进行转换时，他们达到了时间要求了吗？如果没有达到，原因是什么？找出课堂、年级以及学习水平的总体趋势，以便确定提高程序实际运行效率的方法。

验证并确认其他的数据：作为“事实”保存在学校里的数据，对于评估新软件的数据以确定产品潜在的优缺点具有借鉴作用。如果有你信任的基准系统或是状态数据或是一些其他的评价数据（如诊断性阅读评价或评估），那么在你信任的系统和新软件的系统中比较学生成绩可能是非常有益的。尽管我们还未找到规范这些做法的方式，但是在比较数据时，我们有新的见解。

阿斯拜尔泰坦学院的林迪·布雷姆是混合式教学的阅读专家，他分享道：

我们的英语语言艺术软件程序提供了许多很棒的数据，可以用来追踪学生的进步。我仍然去尝试寻找把我们收集到的其他的阅读数据和软件提供的数据相结合的最佳方式。我的方式是，把第一次诊断性测试与第二次诊断性测试进行比较。我把这两次测试按当前的年级水平进行了调整，并把这些变化放在当前数据的页面上，这样，我和教师就能比较多个阅读数据点，并查看在整个评估中，我们得出的结果是否具有连贯性。

总体而言，大部分学生的阅读诊断结果与诊断性阅读评价和基准测试给出的结果具有一致性。这说明，当学生坚持使用该软件时他们的努力真实地反映在了他们在其他领域的阅读里。将该信息放在数据页面上，就很容易发现问题。当发现诊断性阅读评价给出的结果与软件提供的学生水平有差异时，我和教师就会讨论原因，以便帮助学生。

软件有快速筛选功能：如果学校要找出需要特殊帮助和干预的学生或者是围绕某一特殊技能或重点对学生进行分组，那么软件或许可以满足这一需要。

混合式教学软件的数据必须实用

作为阿斯拜尔混合式教学的负责人，我与校长、教师、总部的数据团队、软件开发人员都有合作，以便确定混合式教学软件中最有用和可操作性最强的数据。我们的校长和教师希望能在数据会议上，坐下来一起商谈各种学生的成绩数据，他们提出以下问题：我们如何辨别是否所有的学生每周都顺利完成软件程序的任务？我们如何辨别每个学生每周学会了多少？如果学生学习不好，我们如何才能找出其中的原因，并做什么来应对呢？基石学校的汤姆·威利斯建议："因为数据太多，所以，请关注对学校来说最重要的数据，否则你会不堪重负的。"尽管许多软件产品都备有无数的数据仪表板，但是一谈到"杠杆"，即允许教师在教学活动中改变课程，令人吃惊的是真正有价值的数据点却很少。

教师和校长想找到的信息是直观、合理的，但是事实上，获得这些信息并非易事。我要联系软件供应商，打印出仪表板数据，把我不能导出来的仪表板数据进行截图，创建来自程序数据源的极其复杂的Excel表格，与学生们坐在一起仔细观察他们学到了什么，梳理软件培训手册，给我的朋友打电话询问他们的意见——这些朋友是在其他"特许学校联盟"开展混合式教学的。当然，一些软件比其他软件好。当有人操作配备有先进数据分析工具和功能的学校系统时，我不敢想象，对于没有配备先进的数据分析工具与技术的学校系统，将如何以可操作性的方式访问他们需要的数据。

我希望，我可以告诉你哪些数据点是可操作性的，但是，不幸的是，我们使用的每一个软件程序中，有用的数据点都是不同的，并且目标是不断变化的。有些数据教师们都认为可以用，有些数据却不行。我通常坐下来和教师们一起，查看全部的数据以便找到对教师来说最具可操作性的数据。通常，我们会决定采用最容易获取的数据（不需要我们点击进入每个学生的记录，一一点开每班每个学生的数据，那样太耗费时间），该数据能帮助我更好地知道学生所掌握的情况，该数据会显示，我们可以采取何种措施进行改进。

和教师们一起制订数据应用计划

作为混合式教学教师，对数据的应用可能随着时间的推移而发生变化。马克·蒙特罗是阿斯拜尔泰坦学院的一名混合式教学老师，他解释道：

起初，我并没有持续分析学生混合式学习数据，但是后来我开始察觉由于我没能跟进学生的在线课程学习，他们的学习热情逐渐下降。一开始我以为是学生的问题，后来我才意识到这是老师的问题。这促使我想弄清楚在混合式教学中自己应该背负怎样的使命。现在我将数据公开透明化：每周宣布一次混合式学习的成果。每周一我都会宣布哪些学生读书最多、谁进步最快和谁的考试通过率最高，同时也表扬了用电脑学习的学生们的优势。在我有目的地使用这些数据后，我的学生们对上机学习更加重视了。

通过制订数据应用计划，教师们在面对随着时间不断增长的数据时，可以找到适合自己的方式来应用这些数据。下面列出了初步措施以供参考：

• 向教师说明为何使用数据至关重要：数据可以帮助检查教学实施的真实性，核查学生取得的进步和遇到的困难，探索如何在教学中最大程度地使用软件。

• 和教师们见面之前深度挖掘和理解数据仪表板数据。程序有时也会“骗人”——数据仪表板所展示的原始数据并不一定能清楚说明各项策略的实施情况。有些数据可以看出课堂上已完成的任务，也能用来参考后续工作该如何安排。

• 通过学生的数据，进一步说服还在犹豫是否“放弃使用电脑教学”的教师。

• 不要仅仅通过观察或者随便听听消息的方式监督实施情况及排查问题，要通过数据分析而进行。

学校中的其他成员也可以充当和任课教师一起分析和发布软件数据的角色。来自飞跃创新中学学习中心的克里斯·梁·维加拉提出了这样的建议：

安排一个干预反应（RtI）协调者或本地数据评估人员帮你处理收集到的各类数据。这些数据将会按照不同的学科或年级水平被灵活地归类，这样一来所有的教师都可以根据各自需求找到相关的支持数据。整日忙碌的校长不应负责总览数据而应当有专人进行，并对数据进行处理，这将有着非凡的意义。他们能快速地发现有效的教学方案及分歧所在，但这种方式在固步自封的部门或团队中是不可能实现的。人们需要一位向导，可以随时向对方请教数据目标、数据标准及转折点等问题，这些与校长的现有职责是大相径庭的。

通过每月和教师们面对面讨论他们的混合式教学数据，我们的混合式教学助教获得了很多动力。用这种方法，教师们可以反馈实施中可行和不可行之处，对比成果数据分析趋势，解决所关注领域的问题。这种方法也让混合式教学助教与教师在是否相信数据的问题上保持了一致意见。（表7.1是就混合式学习数据进行面对面会谈的模板。）

表7.1　混合式学习数据会谈表

混合式学习数据会谈表 — 10月 老师：布朗　日期：10/11/13	
成功	策略
英语语言艺术软件 • 12名学生处于或超出同级水平 • 总体而言，学生通过率为93%	英语语言艺术软件：学生们刚登录电脑时似乎都非常有积极性。当我看到他们左顾右盼或开小差时我立即把他们引导回来 ——走近学生，把没做任务的学生的注意力拉回来
数学软件： • 亚力克斯、伊凡、罗杰还有斯蒂芬的数学课成绩优异 • 10名学生完成了50%以上的第一级课程	数学软件：同上
阅读软件： • 相比前两个星期，学生完成测试的数量有了显著的增加	阅读软件：一直以来，我每天只有一次上机轮换机会，所以他们上机的时间是20分钟 VS. 10分钟 让学生在10分钟内找到阅读书本并完成阅读，时间不够

（续表）

困难	原因	解决办法
布雷恩、斯蒂芬、乔治亚在通过英语语言艺术课程时遇到了困难	——布雷恩和斯蒂芬在混合式学习过程中经常和周围同学说话 ——乔治亚在用笔记本电脑学习时容易受到干扰	我们能不能把他们安排到不同的电脑上 ——分析乔治亚的课程并且评估该课程对他来讲是否难度过大了。若是如此，我们可以布置简单一点儿的课程
艾丽西亚在通过数学课程方面有困难	我经常看到艾丽西亚在课上说话	把她从U型桌移到更清晰的视线范围内，以监督她的上机行为
亚力克斯、布雷恩和伊丽莎白把大部分时间用在数学之外的课程学习上	他们是不是有可能和数学课程脱节了	——鼓励他们不要做无用功（看奖励视频，重复完成的课程或者只是盯着屏幕） ——告诉他们向前进展的重要性 软件演示 截屏提醒学生们要选的课程和不选的课程 ——在电脑屏幕上设置按钮（课程图标），提醒学生所要学习的课程
——阅读课程的班级平均水平：51%的学生完成一整本书的阅读	以前学生只有10分钟到20分钟的阅读时间	你能尝试执行一份周目录表吗？（马克在他的课上采用了此策略） 这种策略帮助学生坚持完成任务并且需要至少阅读完一本书后才能开展其他阅读任务 你也可以列一个书单 培养运动技巧，更好地掌控鼠标和触控板

（续表）

困难	原因	解决办法
罗杰、布雷恩和斯蒂芬已经落后于蓝思分级水平（蓝思分级是衡量读者阅读水平和标识出版物难易程度时使用的。读懂一本初级低幼读物与读懂一本百科全书之间差距的千分之一被定义为1个蓝思等级）	是没有完全理解所读文章的问题或故事内容吗	鼓励他们把注意力放在他们阅读能力范围之内的书上

教师的下一步工作	混合式教学助教的下一步工作
改变布雷恩、斯蒂芬、艾丽西亚和乔治亚的座位安排 提醒亚力克斯、布雷恩和伊丽莎白要注重课程完成质量而不是进度 对马克的班级进行“周目录”图书搜索核查。 找罗杰、布雷恩还有斯蒂芬谈话，让他们阅读与他们水平相当的书籍并正确理解问题 告诉学生助手更好地利用时间监控计算机	秋假之后，在投影仪上演示数学软件程序及所要选择的内容 为电脑屏幕创建图标来强调合适的学习课程 用标签进行辅助教学，并且纠正不正确的鼠标和触控板的使用技巧

阿斯拜尔泰坦学院的教师马克·蒙特罗用从混合式教学助教那里了解到的信息来支撑他和学生的数据会谈。他分享道：

我的混合式教学助教每周都会给我们一份关于我们的学生使用电脑学习的情况报告。其中，让我担心的是，他们的数学报告里显示五名学生花了至少一个小时的时间学习，但连一课都没有完成。

我最初感到有些生气和失意。我怎么能让这些学生脱离我的监管呢？我没有监督他们吗？他们周围的同伴没有提醒他们更努力一点吗？但是我并没有被沮丧所困，而是和被发现有问题的同学一一进行交谈。还好，他们都承认在学习时看视频，漫无目的地浏览程序而不是真正地在学习课程。所以，问题解决了，他们知道应该做什么。（在最新更新的版本中，软件已经删除了视频——真好！）

我们重温了他们使用软件学习的目的，也重温了为通过更多课程他们需要做的具体步骤。我向班上那些表现突出的同学表示祝贺。（有一个学生居然用两个小时完成了27课！）

所以，老师们，数据非常强大！很高兴我能这么早就明白这一点，同时也感谢我的混合式教学助教每周都给我们提供数据。每周和同学交流非常有必要，告诉他们在混合式学习项目中付出的努力和表现情况。教会他们如何自我监控学习过程对他们来说是强有力的工具，不只是对学术而言，对他们的生活各个方面都非常有必要。在教师收到他们班级的数据，然后亲自按照此程序操作时，这个过程就已经开始了。

不要期望一开始就能完全熟练地进行数据分析实践。我们的教师每年都会反馈说他们应用数据的能力又提高了，数据应用就是一场没有终点的旅程。

关键理念

你和你的混合式教学助教在软件数据上投入的时间和精力越多，你们对实施效力的管理能力就会越强。教师在软件数据上投入的时间和精力越多，他们在班上管理混合式学习，让同学们参与其中并取得成绩的能力就越强。

时刻关注数据

软件程序里的数据每天都在变化，在通常情况下，期望老师们每天都检查数据不太现实。然而，根本不检查数据或者只是偶尔检查一下数据也会出问题。华盛顿特区E.L.海恩斯公立特许学校的教师珍妮·张给出这样的建议：

教师们监察数据和报告至关重要，因为这样可以确保学生们不会在特别有挑战性的课程或概念上被困住太久。学生们在一节课程上尝试三到四次可以认为是学习过程的一部分，可以另当别论。但是如果在同一节课上尝试了30次，还未得到老师的支持或适当干预，学生就会失去动力，甚至产生挫败感。确保教师明确自己的职责和期望（比如，学生不应该在一个课程上失败N次才得到指导老师的明确帮助），可以避免很多问题。

你一定要知道这个项目是如何告知教师们学生可能遇到了问题的，还要知道在这个项目结束后学生会发生什么样的变化。

向学生传授跟踪自己数据的方法

我们认为学生应该通过软件获取他们个人的成绩数据，并根据年级水平对此进行反思。学生的自主权有助于其建立付出的努力和取得的成绩之间的关联关系。软件程序向学生们提供了追踪他们自己数据的方法，这使得老师不用再通过其他途径把数据传给学生。来自飞跃创新中学学习中心的克里斯·梁·维加拉建议道：“学生应该对他们的数据完全了解，并且教师的主要目标是培养学生的自我意识，使他们产生学习动力，让他们发自内心地渴望不断提升自我。采用萝卜钓竿或糖果钓竿引诱的方式不能实现对数据的可持续性应用。学生不是动物，所以不要像对待动物一样对待他们。”（图7.1展示了一种可获得学生成绩数据的方法。）

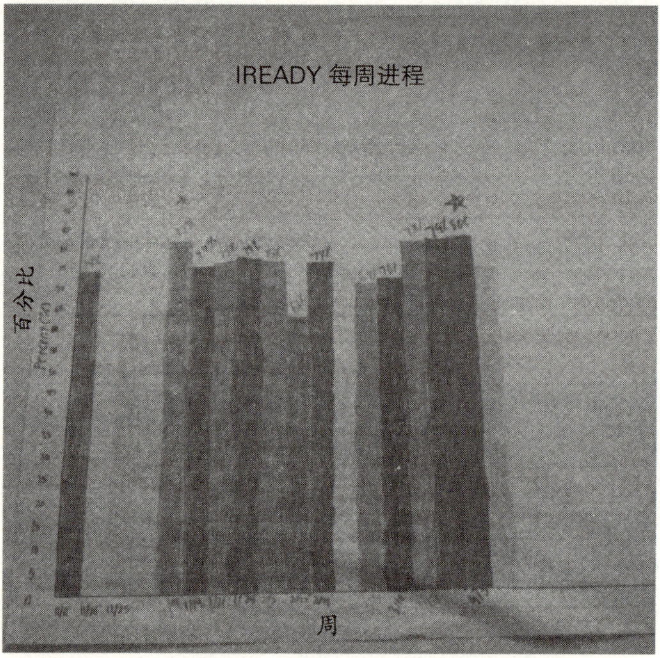

图7.1　每周课程传递数据班级平均值跟踪表

学生们可以得到怎样的数据依赖于学生使用的程序类型，但是很多程序都会为学生提供跟踪自身进步的方法。有些教师会为学生提供数据跟踪表，在上面制订目标和记录他们每周的进程（详见表7.2）。在此基础上，基石特许学校的汤姆·威利斯建议教师们“不断询问同学们的想法”，从而使得他们更投入地学习。E.L.海恩斯公立特许学校的教师珍妮·张解释说：

表7.2　学生数据跟踪样本

________________的跟踪表　　　　第______周

数学软件	
单元： 水平： 章测试平均水平：	这周你学到了什么？

英语语言艺术软件		
读过的文章	多项选择所占百分比	思考问题清单

阅读软件		
书名	测试分数	目标的百分比

一周开始时的总读书量：

一周结束时的总读书量：

和同学们进行坦诚而宽容的交流，帮助他们制订短期和长期的目标，并逐一实现，是决定学习模式成功的不可或缺的要素。适时地庆祝关键里程碑事件非常重要，但是当学生们着力对付一个有挑战性的问题时，即使他们在这次尝试中没有完全掌握概念，每天定期向他们提供积极的、详细的反馈也同样很重要。理论上讲，程序会为同学提供一个仪表板，上面展示了一段时间内学生的个人成绩。在每个学期结束后，学生会看到能够反映他们进步的量化了的成果或知识掌握情况，这将会是一件非常鼓舞人心的事情。

阿斯拜尔艾里斯学院的前中学人文学科教师艾米·杨曼分享道：

我对混合式学习数据最大的感慨就是，它让我意识到我应该让中学生时刻了解自己的进步。这就意味着学生可以每周在数据跟踪表上自主安排学习的数量和质量，并对学过的知识以及知识的用处产生元认知意识。在教授中学水平的课程时，伴随我的那些抱怨及对进展的情况无休止的担心都已经离我而去。现在，完成高质量任务的主动权在学生身上。每隔几周，我会给每位同学调整学习目标。我每周都会加量，（第一周，50%；第二周，60%……以此类推）。让学生跟踪自己的数据也节省了我的时间，并且在混合式教学助教的帮助下，我们不用挨个处理这个系统的所有报告。

阿斯拜尔泰坦学院的教师卢尔德·玛耶兹提出了另一种与同学分享数据的方式：

自从上一次在线软件诊断评估后，我已经取得了一些成功，因为学生们更有动力、更有意愿进行上机学习。我创建了一个混合式学习活页夹，我把里面学生的数据展示给他们看。这让他们明白不只是我在监督他们的进步，关注他们的测试成绩，他们的父母和同学也可以看到这些数据。

以书面及图表形式观测学生的学习进展情况可以看到学生是否正

在逐渐进步或者他们的成绩是否有所波动。落后或后退的学生会感到惊讶，他们会反思哪些地方需要改进。因此，学生看到数据后，会受到激励，提高分数。当他们通过了难度较大的课程或是因为旧课程通关后解锁了新课程时，就会兴冲冲地跑来告诉我。看到他们通关后的愉悦表情，我自然除非万不得已，不会减少他们的上机学习时间。承认他们的成功就是给了他们继续前行所需的支持。

我想我应该继续更多地观察学生的进步情况。那样我就可以和那些不太愿意让我知道是否他们通过了课程或解锁了新课程的同学进行一对一交流。这样除了善于表达的学生以外，其他的学生我也能知道他们在做什么。

数据整合

我们拥有自己的数据库，这个数据库整合了我们40多种数据系统，包括学生信息系统、状态评估数据、考勤数据等。然后我们通过Tableau软件——一种帮助使用者观测和理解数据的可视软件，将数据库呈现在一整套的仪表板中。当我们一开始得到混合式学习数据的时候，一想到可以把混合式学习数据输入到数据库中，并可以将成绩三角剖分，与其他学生的成绩数据做比较，就感到兴奋。然而，对于大部分的软件供应商来说，将混合式学习数据合并到我们的数据库中，那是说来轻松做起来难的。只有少数的供应商愿意并有能力满足我们夜间自动上传软件数据的要求。他们其中的一些和我们已建立起了密切的合作关系，并慷慨地开发了用于输出订制数据的设备，这样，我们就在我们自己的仪表板上实现了可视功能。这些订制的数据设备很理想，我们已经能够为老师们建立仪表板，老师们可以看到这些数据并在他们的班级加以推行。然而大多数的供应商还无法满足要求，我们也在努力寻找能在这方面一起合作的软件伙伴。

账户设置

建立软件账户还要考虑账户设置。这包括在软件上创建学生账户（他们的用户名和密码）。随着程序的添加，你就需要弄清楚如何设置学生账户。

账户设置似乎是混合式教学实施过程中微不足道的一个环节，但是，请记住如果学生的入学时间是随机的，那么整个学年都可能涉及到学生账户创建。每当一位新同学进入学校，就需要创建一个账户（甚至多个账户，账户的数量是由每个同学要上多少个软件课程决定的）。我们督促软件公司给出一个自动解决办法，能对创建账户集中处理，而不是由每位教师来做这项工作。我们已经明确一点，如果没有自动更新，这是完全无法忍受的，如果一家软件公司连批量上传学生记录都做不到，那么我们绝不会使用他的产品。

我们已经尝试了四种不同的方法设置学生账户，所有的方法都各有利弊。（表7.3对不同账户设置方法的利弊进行了比较。）

经验学习

在创建学生账户时一定要遵从标准惯例，这样一来，将来有一天你就能对这些数据做批量分析。在混合式教学开始之前，我们从这些学校中抽取了20个学校，在这些学校中开展了一个特定项目。当开始考虑混合式模式时，我们觉得我们找到了一个检测那个特定项目成效

表7.3 账户设置利与弊

	利	弊
人工操作：我们在软件程序生成的电子表格中手动输入了学生信息。	不是很多，除非你只有几名学生。免费。	容易犯错。受到走捷径的诱惑而不在每个字段框中输入信息。慢。最初耗费时间，并且随着学生的转进转出，这种输入工作可能会贯穿整个学年。
半人工操作：这个过程包括从学生信息系统（例如PowerSchools）将学生信息导入到电子表格中，然后上传或发送数据给软件公司。	不容易跳过字段框或出现错误。免费。	可以在每一学年年初完成，但是后添加的账户必须手工创建，这个过程缓慢并可能出现潜在的错误。
通过混合式学习系统：像Education Elements这样的公司已经把自动账户设置作为他们系统的一部分。这需要把学生信息系统连接到Ed Elements 公司的平台；然后公司连接这个软件。	在学年开始之初以及整个学年都可以进行账户创建。 根据学生转进转出自动创建账户。	牵涉支出问题。最初创建连接时特别费劲。不是所有的供应商都能整合这些类型的系统。
用第三方提供商：有些公司提供学生信息系统和软件提供者的连接服务（比如Clever公司）。	免费。容易管理。在连接学生信息系统和本系统过程中不用做任何工作。整个学年自动创建新账户。	如果密码不是来源于你的SIS文件，就需要进入系统并手工创建密码，这样非常耗费时间。不是所有的软件提供商都整合了这些类型的系统。

的好方法。然而，这并不是一件容易的事，因为教师们已经习惯了在创建学生账户时使用不同的惯例：

- 学生名字，姓氏
- 学生姓氏，名字

- 学生全名和年级
- 学生全名
- 学生全名和学号

实用小技巧：在创建学生账户时，记得一直使用学号，因为这样能够让你做大量的数据分析和纵向跟踪学生的学习进程，并且为你省去一大堆现在还没有体验过的麻烦！我们曾人工对总共大约2000个学生账户和他们的学生证号进行匹配，相信我，我们永远不会再做这种事！

总之，我们倾向选择自动账户创建和设置，尤其可以进行整个学校的信息转换。然而，如果条件所限，不能选择自动账户创建，要提前弄清楚谁来负责创建账户，并且一定要确保从系统中获得的信息类型标准化。

用户名和密码

在这项工作中，我们遇到第一个挑战是找到用户名和密码的惯例。一些建议：

- 如果可能，创建能让学生在校期间都可以使用的用户名。
- 对所有的供应商提供相同的用户名和密码。如果你没有提供单点登录服务，这种统一是非常重要的。
- 为学生的密码创建设置一个惯例，理论上来讲是可以自动生成的，如颜色加四个数字（例如，purple1234）。
- 一旦学生的账户被盗，明确更改学生密码的过程。
- 不要在用户名和密码中使用学生的年级，否则你就要每年更换所有的用户名或密码。

• 设立密码管理的相关政策和常规。如果学生忘记了密码谁会给学生提供密码？老师还是管理员？我们强烈建议一定要保证密码的安全性，否则你就会浪费很多时间重新更改系统中的密码。

如果你决定让学生用他们的学号或餐卡号作为他们的密码，要注意如果账户被盗你还需要一个后备计划。根据学校规模，组织大小以及所处地区，试运行系统，对学生的用户名进行测定以发现冲突。我们最初认为用户名惯例（[名字的第一个字母]，[姓氏]，[毕业年份]@aspirestudent.org）会没有问题，但是当运行一个脚本测试发生冲突时，就发现14000名学生中有超过1400个冲突。天哪！

单点登录

单点登录可以让学生只输入一次用户名和密码就可以登录不同的软件程序。特别是那些还在学习基础键盘输入技巧的低年级同学，他们很难记住自己的用户名和密码，这项功能给他们提供了很大的帮助。高年级同学也一样，这样他们就不用费劲地去记用户名和密码来登录不同的程序。凯伦·沃斯库尔之前在火箭教育公司时讲道：“我们也发现单点登录对我们学校员工来说是一笔惊人的资产。如果教师只要单击一下就可以登录每个程序，他们会更愿意使用这个程序的数据，也更愿意优化每个学生的学习路径，进行进一步的个性化学习。”

获取最有利于教学的数据

从程序中导出的数据应该是什么形式？这些数据如何才能体现教师对学生提供差异化教学的初衷？如何才能让学生看到并得到他们的

学习进步情况？如果混合式数据具备以下特征，它将有可能成为对教师最有用的数据：

1. 数据容易获取而且透明。我们的教师立刻轻松获取到很多可信度高的数据：成绩、学习纪要、基准点以及其他形成性和总结性课堂评估报告。这个数据是透明的，展示了学生们学习中的问题。最主要的是，这些数据容易获取并且可与其他关键的数据相关联。在阿斯拜尔，很多数据仪表板能按照基准向教师展示全班数据，比如，可以按学生，也可以按某个标准。对教师和学生而言，容易获取且可输出的混合式学习数据既可以帮助教师快速地了解学生学习水平，也可以帮助学生掌握他们的学习现状及原因。

2. 数据可操作并且过程不繁琐。这意味着当一位教师和校长或是自己的团队坐下来时，这些数据可以为教师制订的成绩、分组、发展、管理、干预等相关措施提供支持，也为教师采取何种措施满足个别学生及所有学习需求提供依据。如果只能通过翻找每位学生的学习记录才能得到学生成绩详情，这对教师来讲是一种负担。如果为了看一眼班级成绩的整体情况，就要花费30分钟时间来剪切、复制、标记数据，这对教师来讲也是一种负担。这样一来，拥有闲暇时间成了教师们的奢望。教师和校长需要混合式教学的数据帮助他们总结成绩，让教师在处理学生工作时更有效也更高效。

3. 数据可靠。同样一句话，但是内涵意义可能千差万别：每个程序对“精通”“红旗”“任务完成时间”和“标准相一致”有着不同的定义，而且这些定义要么含糊不清，要么只能从与软件销售代表的交谈中得到。教师和校长需要的数据不仅能回答提出的问题，其他的问题也能从中找到答案。

保护学生数据

虽然已经有现成的保护学生数据的法律，但是在当今的情况下，公众仍对学校向公司公开学生数据或者学校把学生数据搁置在公司所有的服务器上而无法取回感到担心，所以你应该采取各种预防措施保护学生数据。在签订软件合同时，核对关于学生数据隐私的条款。如果软件公司在合同中没有对此充分说明，你需要就此添加条款。除此之外，在创建学生账户时，你不能向软件公司分享学生的生日、地址和任何其他个人信息，即使有字段框要求填写也不可以。联系软件公司，告知他们你的担心，反对公开分享个人信息。当公开分享数据仪表板（做展示或其他）时，隐藏学生的姓名和身份，这样记录就不能与每个学生进行匹配了。

获取“徽章”

战略的规划者

• 和教师们一起制订数据使用计划。让你的混合式教学助教参与到这个过程。

• 如果可能的话，和学生一起使用软件数据，让数据成为他们自学过程中的伙伴。

• 确定创建用户名和密码的惯例。

• 弄清楚你将怎样更有效且更高效地设置学生账户及获取软件数据。

• 收集可获取的、可操作的、可靠的数据来评定和改进你的混合式教学。

• 让学生（如有可能的话）获得并跟踪他们的数据。

• 认真检查合同中所有的数据保护条款并不遗余力地保护学生数据的安全。

第8章

设计高效学习的教室环境

出人意料的是，教学设施和课堂环境在混合式教学开展中起到了重要的作用。相对于其他课堂形式，学生和教师的活动方式在混合式教学课堂中尤为重要。教师如何利用空间会对学习效果产生直接影响，并且你如何介入改变教师的活动空间也会直接影响教师对混合式教学的感受。此外，技术设备在课堂中的固定及移动方式会影响其应用性（在某些情况下，耐用性会受到影响）。因此，空间设置至关重要！

在我们着手设置空间时，我很快意识到挑选合适的教学设施并非表面看起来那么简单，尤其在那些空间受限或在教室规格不一的学校更是如此。从逻辑层面上来讲，设计出在一间教室中如何高效利用科技手段的方法，既是一项挑战，又是一个反思学习空间的契机。

让事情变得更为复杂的是，教师们一旦认为混合式教学不仅要改变他们的教学实践，还要改变教室授课环境，就会无形中增加教师们的焦虑情绪。

来自飞跃创新中学学习中心的克里斯·梁·维加拉认为："凡事

均需灵活应对——一名年轻教师应该具备自己重新布置教室的能力，不用向工作人员或他人求助。”

教师在最初就应充分考虑设备采购和安置情况，这尤为重要。不仅因为这些因素自身的重要性，而且也因为根据我们的经验，设备运送是一项极为费时的工作，没有比这更费劲的了。即使每次我们在一所新学校推行混合式教学时，都会尽量提早订货，但每次都会因为设备的不到位而导致计划拖延。

关键理念

应敏感地察觉到如下事实：许多教师为他们的课堂布置而自豪，并且迄今为止，他们完全可以自主布置空间。仔细倾听他们的忧虑，必要时，以合作伙伴的方式给予支持和建议，以帮助他们重新安排空间。

在挑选教学设施时，应首先搜集一些重要信息，如教室规格、墙面高度、电源位置、可以利用的现有设备等。并且，时刻谨记那些要用混合式模式来解决的教学问题。

平衡电脑和学生的比例

如果教室中电脑与学生数量比例是1：1，即一名学生使用一台电脑，那么在学生不使用电脑时，这些设备应存在哪里呢？从哪里给这些电脑供电呢？不要忘记，如重新布线一样，搬运电脑的手推车也是一笔额外开支。因此，尽可能地灵活布置电网。

如果电脑与学生的数量比例是1∶2或1∶3，即两到三名学生共用一台电脑，你得考虑他们之间的轮换问题。你是让半数学生或更少的学生共用一台电脑，还是让不超过三分之一的学生同时使用一台电脑？电脑与学生的数量之比会不同程度地影响教学项目的开展和教师践行混合式教学的能力。电脑被安置在哪里？学生轮流将电脑搬到他们自己课桌上使用，还是让学生去固定的机房使用？

权衡上述问题，你需要明确规定学生使用电脑的地点（详见表8.1）。

表8.1　电脑桌与机房的权衡分析表

在课桌上使用电脑	去机房使用电脑
• 节约设施成本 • 需要解决充电问题 • 难以观察学生的进展状况（这对课堂管理提出了挑战） • 需要给学生提供搬运电脑及往返充电时间	• 需要购买桌椅板凳，增加了成本 • 占据更多空间 • 电脑可以直接插到电源口 • 易于观察课堂 • 减少学生课堂准备时间，可以立即开展教学活动

此外，要考虑如果存放电脑，笔记本电脑锁比推车节省成本。如果安全方面没有问题，且笔记本电脑可以在桌上进行充电，那就选择电脑锁。如果在晚上无法给笔记本电脑集中充电，那么就需要购买手推车。每间教室配备一辆手推车，但要注意手推车也会占据很大空间。

巧妙布置教室

穿梭于教室中，用卷尺测量出墙面高度，在笔记本上记录可以重复利用的现有设施，用相机拍下每面墙体，并且绘出每个房间的草图以展示当前设施的布局，白板、房门、水槽等均包括在内。

我们的初衷是让每间教室都如人所愿，所以我们需要仔细聆听教师们的想法。一些教师不愿改变他们的办公朝向，而有些教师则乐于听从我们的建议。（图8.1向我们展示了一种室内格局图。）我们尽量尊重每位教师的想法，因为他们才是每天在这个环境中工作的人。然而，我们也会坚持不妥协，因为他们现有的陈设和新进的电脑并不配套。

图8.1 课堂轮换模式

经验法则：每位K-4年级学生在长条桌上占用的空间不得少于20英寸（约50.8厘米）。

椅子的尺寸至关重要！在空间有限的情况下，选择尺寸最小的椅子（甚至可以选择凳子），可以让更多的孩子共享一张长条桌。

考虑一下耳机的存放问题。是将耳机存放在桌子上、桌洞里、还是椅子上的袋子里？还是让学生装进背包里随身携带？用笔记本电脑包装箱里的填充物来存放耳机可以解决这一难题（详见图8.2）。

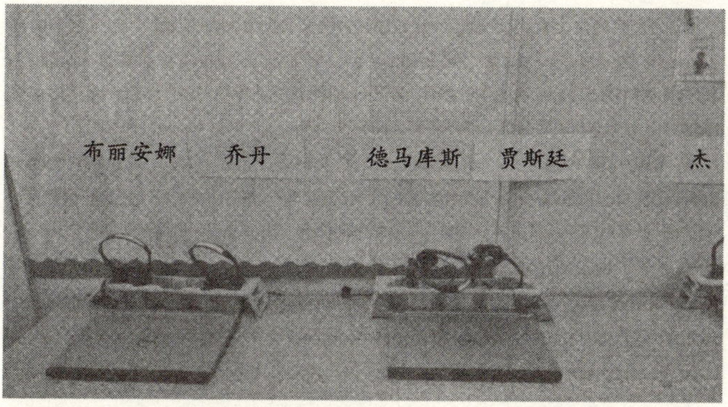

图8.2 配有座位标签和耳机支架的有序的机房工作站

合理规划空间

桌椅数量的增多会迅速提升混合式教学的成本。一般而言，我们尽量使用现有设施以节约成本。然而，我认为除非你相信学生们（以及负责管理学生的成年人）能够在自己原有的座位上有效地操作电脑应用技术，否则不要为了节约成本而使用原有教学设施。我们可不想让幼儿园教师及学生手捧手提电脑走来走去，所以，在幼儿园教室里安装设施是一个必要条件。多数教师认为向孩子们提供一间可以来回走动的机房可以让事情变得简单，这样教室里也会更安静。因此，在大部分混合式教学教室中，电脑是沿着墙边安装的（详见图8.3）。如果你预算充足，建议采购17英寸-19英寸（约43.18厘米-48.26厘米）高的可调节式课桌。这类课桌占空间小，并且适合安放笔记本电脑。

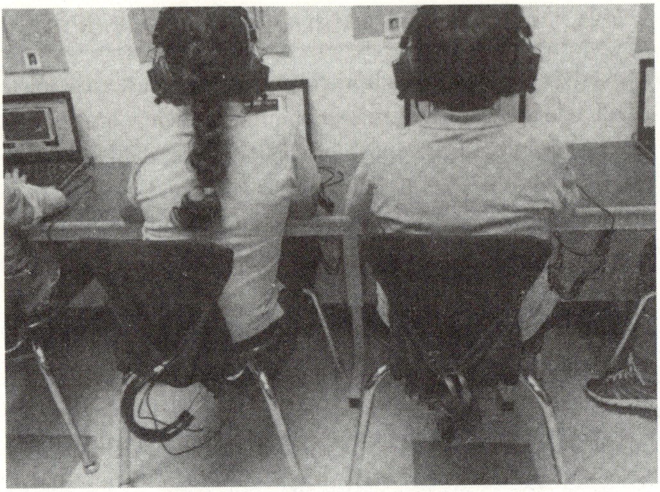

图8.3 学生在机房学习图

你使用的是无线网络吗？如果不是，你需要找到教室内的有线网络安置口，用以驱动电脑。还要找到室内通电的电源位置，确保电源插座靠近课桌。并且，要弄清楚无线网络端口的位置。

让教室充满创意

我们不止一次地被教师们问及计划做出的改动如何运作，在听到清晰、合理的房间面貌描述后，他们就会消除对改装过程的各种疑虑。在描述改装后的面貌时，要尽情发挥你的想象力。倘若设计一间实验室，那就别把它整得像一个电话中心那样。我们在美国加利福尼亚州苗必达市的一家中心的朋友们为孩子们设计了一所让人目瞪口呆的实验室。他们既温馨又舒适的设计让我们脑洞大开。这些学校领导在房间里安装了楼梯、巨型懒人沙发、咖啡厅式座椅以及一些其他有趣的设施。这些让整个实验室更加舒适，更加吸引人。如果预算有富余，你大可推陈出新，设计类似的空间。向其他学校的同行们请教，吸取经验，三思而行。

我们见识过很多令人抓狂的教室，里面各类电源板、电源线交叉交错。更有一次，我们看到分机延长线居然沿着一个废弃了的水槽顺了下来。天哪！一定确保留出布线的预算。

克里斯 · 梁指出 :“在开学后的一个月内，你的员工在观察到空间改变后的利用效果后，会有移动设备的想法，因此确保他们可以做到这一点。”

汲取的教训

装置一体化可以节省空间并便于技术支持。我们学校的负责人希望使用教室里现有的台式电脑来节省采购笔记本电脑的开支。然而，最终发现这些并不可行。台式电脑占据空间大，存放起来不方便，并且因其老化还需要更多的技术支持。扔掉这些陈旧机器吧！使用它们会得不偿失的。

获取“徽章”

战略的规划者

• 收集教室空间信息，包括规格大小、墙面高度、电源位置以及可重复利用的现有设施。

• 结合实际教学问题和设计模型，确定学生与电脑的比例。

• 确定预算和空间，必要时，重复利用现有设备以节约成本。如预算充足，重新设计空间面貌，访问其他学校，借鉴他们空间创新布置的经验。

• 利用此次契机，重新设计学校的学习空间面貌。

• 教师可能对重设的布局感到担忧，对此要关注。与教师们沟通，清晰地告诉他们你的想法，以将其焦虑感最小化。

• 确定电源位置，处理好耳机存放及布线等问题。

• 遇事灵活处理，因为每件事（尤其是对改装工作的想法）都会随时发生改变。

第9章

构建强大的网络设施

我和学生打了多年交道，现在又和教师打交道，实话实说，没有什么比网络基础设施这个话题更让我厌烦了——这是关于教育方面最无聊的话题。在与混合式教学相关的话题中，网络基础设施是最乏味的，也是最无趣的。但是，了解网络基础设施非常有必要。越早承认网络基础设施是你项目中重要的一部分就越好。对充当了坏消息的信使深表歉意！不要期望自己能够成为一个专家，但是要做到当有人和你讨论暗光纤时你会感到非常兴奋——即使现在你对此还不是很了解。

如果你有一个强大的网络设施且已经准备就绪，在此基础上你可以创建任何东西。高峰公立中学联盟首席技术官布莱特恩·王解释道：“技术的任务就是扫除障碍，这样你就可以提升整个学校和组织的全面采用率。”你不想让技术成为障碍，你想用技术扫除障碍，就像将网上内容整合到课程里，或者在课堂上采取线上学习与线下学习1：1的学习模式。

下面列出决策的三个层面及关键术语可以帮助你了解技术以及它

是如何运作的。

制订技术决策

问自己一个问题：当前我们是从战术还是战略的角度来制订技术决策？大多数学校和地区可以在短期内以战术取得成功，如果所有的决策都从战术的角度制订，技术整合就无法优化升级，特别是当你想大规模开展混合式教学时，这将是个难题。对于技术制订战略性决策至关重要，因为战略能实现你的宏观目标，而且它提倡技术部门是你的伙伴而不只是实施者。战术和战略是两个极易被混淆的术语。战术决策下，你不需知道整个情境或宏观目标就可以完成一个任务，如订购一个班的整套平板电脑。与之相对，战略决策需要你立足于一个更大更广的情境或目标中有大局意识和宏观计划（见表9.1）。

表9.1　战略和战术问题范例

战略（是什么）	范例	战术（怎样）
我们想要达到的教学目标是什么？教室里需要什么附加工具？	计算机与学生数量比率为1：1	我们怎样确保教室里增加的电脑正常运行？
哪些资源可提供长期的、低成本的、稳定的网络服务让学校能够在教室无干扰地使用网上资源？	高速网络	我需要多少带宽？

技术战略决策中一个关键的部分就是发挥信息技术部门的才能。了解他们能拿的出手的技能，创造机会拓展他们的专业知识，并且让

他们了解你的战略远见，这些都需要花费时间和精力去做。高峰公立中学联盟首席技术官布莱特恩·王介绍了他从技术专家成为一个深入了解学校技术需求的教育技术专家的历程：

我来到高峰公立中学的时候有着强大的技术和商业背景，但是对学校在技术方面有什么需求没有清晰的概念。当戴安娜·塔夫纳（高峰公立中学联盟首席执行官）引进我入校时，她投入很多时间和精力让我成为高峰学校工作的伙伴。她创造了一种有着高度信任感、自主性、充满机会的文化，她做的对我最有影响的事情是她让我在刚入校时就教授了短期课程，后来又教了两年。我每年要花费40天时间进行授课并且对一组学生进行差异化技术教学。我设定的结课要求是让学生们依据虚拟化技术和开放源代码软件制作个性化的网站进行展示。经过不懈努力，我创建了一个课程，然后联系了硅谷的公司像谷歌、微软、苹果等，希望他们能够提供技术向大学预科生展示一个有意义的、让人生发生转折的学习旅程。我意识到了个人技术在课堂上以及对学生的影响力。教师们用不同的眼光看我，这也导致了他们对我的工作有着不同的认同度——我不再是一个不懂课堂教学的技术者。

这对我的工作产生了直接影响：我理解老师在课堂上面临的挑战，知道技术什么时候对教学起作用，什么时候不起作用，最重要的是我深切体会到教师采用技术对不同组的同学进行差异教学前需要做N个小时的准备。现在，当我雇佣新的技术人员时，我会坚持让他们至少体验几天的课堂教学，这样他们就会更加理解我们正在努力做的事情，并且明白他们每天的工作对老师和学生产生怎样的影响。

高效开展基础设施建设

基础设施是指教学楼里和教室里的电源和数据电缆。两者都需要准备就绪，并且需要专家来帮忙理清楚。在安装技术设备时，所有的领导者都需要了解学生和清楚教室流程。简单地增加电缆和电源插座是一个快捷措施，因为这样确实能解决在教室里供电和网络连接的问题。了解老师和学生在教室里的活动流程（图9.1所示）以及在特定的学校和教室里打算如何使用技术，才能有助于实现资源利用最大化，避免资源浪费。熟悉一些关于基础设施的术语将有所帮助。

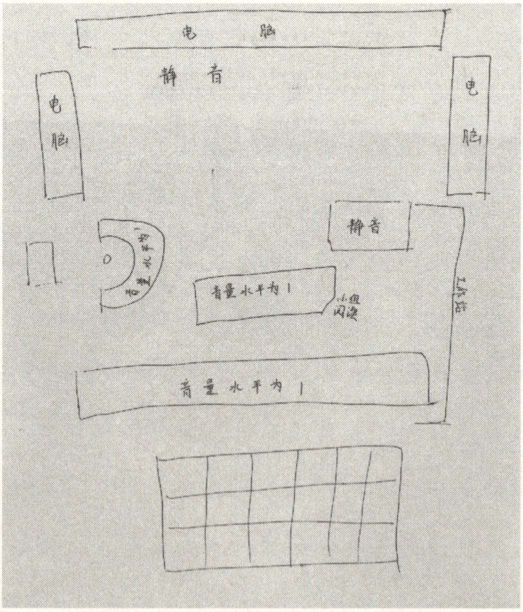

图9.1　教室布局平面图及音量

关键术语：电力

电力是指学校里特别是教室里的电源。外加电源让学校能够给电脑及其他技术设备充足供电，以免过载或弄爆主电路。电力不足会对学校的技术应用能力产生负面影响。增加过多的电力会造成资源浪费，因为这些电力本可以用在组织中另作他用。

为什么你要了解这些：你需要测试一下电力，检查它是否与你想要运行的基础设施相匹配。比如，如果将一个电脑推车的充电插头插入一个常规的插座上（而非专用的插座），这将有系统过载和电力系统崩溃的风险。

你需要准备什么：足够的电量来安全地同时运行计划运行的设备，及在这个房间启动的其他任何设备。记住一辆电脑推车需要非常大的电量！

可能问及信息技术人员的问题：这个楼里的插座能提供电脑推车使用的总电量吗？有足够的插座满足我们的插排需求量吗？我们如何把电源接到教室和楼里的正确位置？

关键术语：电缆布线
（从服务器室到数据输出口的数据电缆）

电缆布线是指连接整个校园里的所有设备和单独接入点的管线。

为什么你要了解这些：你需要确认现有的电缆符合最新的网络技术要求。

你需要准备什么：用专业术语来讲，电缆的最低要求是超五类线（CAT5e）。这个规格是可以使用最新技术而不会有后顾之忧的最低配置。

需要问问技术人员：现在的电缆能满足我们的技术需求吗？使用最低配置的电缆和使用最新的电缆的利和弊各是什么？对技术应用较多的课堂教学的电缆要求是什么？

网络设施怎么准备

对于没有技术背景的人来说，一听到“网络基础设施”这个术语就会不寒而栗。信息技术部门的工作就是揭开网络基础设施建设的神秘面纱。网络基础设施是所有技术的基础，就像学校是学生选择大学意愿的基础。网络包括多种技术，它最重要的是功能是可以让教师和学生接触到网上资源和学术资料，收发电子邮件和数据文件等。

不管你打算在学校安装多少台电脑，都需要网络来支持你所有的技术应用。看看我们所生活的时代，几乎工作中的每件事情都会应用某种技术，并且我们接触和创建的信息更像是存放在云端。网络能够帮助你接触到你想实现目标所需要的所有资源。

尽管网络非常重要，但你并不需要在网络上花很多钱；相反，你的技术部门可以设计一个精益求精的、可持续的、可复制的并且可扩展的网络去服务于组织的任务和目标。如果技术是课堂教学和学生学术成果的关键组成部分，那么就要了解如何设计网络，并保证能达到最初设想的目的；否则，将会出现减慢或阻碍你的进程的拦路虎。

关键术语：网络基础设施

网络基础设施是指可以使计算机实现连接、交流、运行功能，并被一个企业网络所管理的整个网络的硬件和软件资源。网络基础设施将使用者、应用程序、服务器和互联网连接起来。

为什么你要了解这些：这是成就或破坏你的混合式教学实施的核心内容。网络基础设施掌控着你的网络安全、无线网络、内容过滤以及转换器。例如，当你的网络下线，学生将不能登录电脑学习。如果你的网络在学校上课期间中途崩溃，可能会让教师和学生们手忙脚乱。

你需要准备什么：注意企业级别的网络基础设施，可以满足你的需求并且可实现个性化设置。

需要问问信息技术人员：我们有什么设备？我们的网络设备能跟上时代要求吗？我们需要做什么准备来让我们的软件程序有效运行？我们的网络升级成本是什么？若将企业级系统准备妥当我们需要采取什么步骤？

关键术语：互联网连接

互联网连接是指连接到万维网。如果你需要访问互联网，那么你就要选择一种能使你上网的互联网连接方式。

为什么你要了解这些：被学校、家庭和公司广泛应用的互联网连接方式主要有三种：数字用户环路（DSL）、电缆和光纤。这三种方式都可以用来访问互联网，但是各有利弊。和你的信息技术团队商量，选出可能适合你的一种互联网连接方式。

你需要准备什么：你必须事先对你所在学校的需求有深切的了解，这将引导你选择适合的互联网连接方式。

需要问问信息技术人员：我们现在采用的是哪种互联网连接方式？不同类型的互联网连接方式对我们的教室内的技术教学目标以及在线资源有怎样的影响？哪种网络连接方式能同时满足现在和未来的需求？

关键术语：宽带

宽带是指从一端到另一端每秒传递的数据总量，以比特/秒计量。

为什么你要了解这些：它会让你对多少同学可以在线学习以及连接的有效程度有大致概念。如果你不了解宽带，你就没有关于网络速度的数据，也没有办法确定你的网络是否能应对你计划开展的工作。我们技术团队中一个很棒的成员布莱恩·苏利文这样解释说："如果你试图将100辆车从奥克兰运到旧金山，是用5条车道快，还是用50条车道比较快？"

用教育高速公路（ESH）项目的学校网速测试来评估一下你当前的宽带和网速。传输速度慢的宽带可能破坏混合式教学的实施，因为没有人愿意看到学生们花费一分多钟等待屏幕加载一个网页，至少所有的学生不愿意等。当宽带慢的时候有些软件程序会卡死，需要多次刷新才行。学生们在一个教学环节需要多次重新登录程序，类似这样的问题将极大地影响学生们的积极性和成绩。

你需要准备什么：说实话，准备得越多越好。网络速度正变得越来越快，如果你正在运行宽带密集型程序，你就会需要运行快的网速。

需要问问信息技术人员：我们的宽带能支持教室里所预期的所有设备吗？学校里是否存在和混合式教学抢宽带的其他计算机软件或网站？有没有办法使混合式教学宽带最大化？我们可以进行一个让所有的设备同时运行的现场测试吗？

关键术语：无线设置（即无线访问点设置）

无线设置是指采用技术辅助的学校中，无线访问点覆盖的计划和设计。

为什么你要了解这些：提前为一个学校设计无线覆盖真

的非常重要。要满足学校的技术需求，需要很多专业知识。布莱特恩·王建议道：

在高峰公立学校，我们通过多次专业技术发展以及与我们的无线硬件厂商进行合作等方式，提升了无线设计方面的专业知识，我们已经学会如何在我们学校的任何地方正确地设计无线。我强烈建议在团队中培养懂得这方面专业知识的人。技术团队中这样的成员为我们整个学校准确无误地设计无线覆盖，这简直就是上天的恩赐。

你需要准备什么：抽出时间，凭借你与无线硬件厂商建立的友好伙伴关系，进行专业技术发展。这在学校全面应用技术时将大有用途。

需要问问信息技术人员：无线的目的是什么？它的价值以及技术在课堂上做出的贡献是什么？如果学校现在有无线，那么目前的无线技术是什么？我们目前覆盖了多少，能够满足我们的需求吗？

关键术语：无线访问点

（应用支持子层或无线应用协议）

无线访问点是指无线电信号的发射器。

为什么你要了解这些：你可以有优秀的宽带，但是如果由于计算机通过无线（而不是通过墙里的电缆）连接网络导致你不能连接到计算机上，你就会非常郁闷。尽管你付了费，但是你根本没有享受到飞速宽带的待遇。无线访问点是所有技术组件中发展最快的，而且无线的标准更新也非常快。交换机、防火墙以及其他工具以前做过的事情，现在无线访问接入点均可以做。如果你的学生电脑不连接网线或无线停止，他们就不能继续在网上软件程序中学习，除非是本地安装软件程序。这就会损坏他们学习和参与的积极性。

你需要准备什么：在无线应用协议（WAPs）与设备的比率问题上会形成许多不同的阵营，并持有不同的观点，而且观点互不统一，这大大超出了你的预期。四处打听一下，但是一定要请教行家而不是厂商，这样才能从没有买卖利益关系的第三方那里得到建议。购买企业式无线，特别是适用于混合式教学环境的无线。

需要问问信息技术人员：无线访问点能胜任同时运行尽可能多的电脑吗？这些访问点需要安全密码吗？如果需要，怎样才能连接它？（注意：要防止有人登录访问点恶意入侵电脑或篡改数据。）

关键术语：E级计划

E级计划是指一个为数据、声音及网络连接设备提供补贴的联邦项目。

为什么你要了解这些：了解E级计划是怎样运作的以及这个项目如何补贴你的数据和声音服务非常重要。E级计划是个匪夷所思的东西，但是在一个信誉良好的E级计划顾问的帮助下，你可以在电信服务补贴方面大赚一笔，甚至还可以从你的网络基础设施中得到返利。E级计划同时要求遵守《儿童互联网保护法》。

你需要准备什么：免费简化的午餐信息、一个科技计划，还有一名相当优秀的E级计划顾问。一名优秀的E级计划顾问可以为你带来资金但是不会从你节省的资金抽取一分钱。找一个有较好声誉的顾问，他们一般不管补贴大小都统一收费。

需要问问信息技术人员：我们有E级计划顾问吗？顾问获得资金资助的用途是什么，顾问对我们是怎么收费的？E级计划的资金循环是什么？我们技术采购有折扣吗？对于那些原本没有折扣的技术采购我们要想获得返利需要什么样的过程？

关键术语：内容过滤

内容过滤是指用一个程序筛选和排除某些网站，使之不被访问。

为什么你要了解这些：《儿童互联网保护法》要求所有的学校都要有过滤器保护学生，对某些网站严加防范。你必须了解《儿童互联网保护法》中规定的你的义务，并且确保在遵守《儿童互联网保护法》要求的基础上保护学生的安全。然而，除了这些法律规定的义务以外，你也可能希望在某种程度上控制学生在电脑上可访问和不可访问的网站，这样学生就不会在本应该做二次方程的时间里去刷脸书。

你需要准备什么：原则上，你需要一项高端技术，能够向不同的群体提供不同水平的内容过滤功能。这些群体包括：教师、学生、来自不同年级的学生等。而且，你需要能实现集中管理的技术。

需要问问信息技术人员：我们能够为不同的群体或在不同的时间段进行选择性的过滤吗？过滤器应该安装在哪里？过滤器是交由学校管理还是地区统一管理？

关键术语：长期可持续性

长期可持续性是指技术软件和系统的生命周期。所有的系统和硬件部件最终都会由于功能退化而被替代。

为什么你要了解这些：技术持续日新月异，并且在未来的一到三年里，你现在使用的网络、软件和计算机将很可能需要升级（或更换）。计算机更新换代以及随着维护及更换硬件而产生的软性成本将会影响你的预算，所以要从战略上思考你需要什么来完成工作。

你需要准备什么：你将需要了解所有的成本以及短期和长期的预算方法以支付那些成本。

需要问问信息技术人员：计算机、网络以及它们需要的其他支持的实际成本是多少？支持力度在一年中不同的时期会有所不同吗？（例如，计算机在一开始安装时需要很多支持，而后期运行则所需的支持相对较少，是这样吗？）我们计划选择的计算机和网络设备的预计寿命是多少？如果我们用一次性资金购买，我们应该预算出的后续成本是多少？

显而易见，上述关键术语列表不是非常详尽，也绝不会为你的信息技术团队提供什么帮助，因为他们已经具备了这些专业知识。相反，你需要了解这些关键术语，这样你可以参与到信息技术团队的讨论中，而不至于因不懂术语使得自己尴尬难堪。你不应该把所有的技术问题都交给别人，也不应该对网络基础设施情况不闻不问，否则你不可能成功地开展混合式教学。

和技术团队一起改变

混合式教学可以改变你的信息技术团队的专注点。布莱恩·苏利文提出："在一个混合式的环境里，我们需要的信息技术支持不仅基于传统的电脑应用，更多的是基于网络。"帮助技术团队在工作中多和他人交流，从而进一步提升能力，增强他们对其他学校混合式教学的进展的理解。来自洛杉矶联合升学公立中学联盟的乔纳森·提寇建议道：

构建网络要做到“内外兼修”。从外在来看，基础设施建设在混合式教学环境建设中占了很大比重。但是，一旦基础设施和网络完善后，学生们就可以利用他们的技术工具和电子内容完成他们设定的目标。如果没有网络或者整体网络效果不好，那么学习进程就会受到干扰。从内在来看，网络工程师和信息技术领导者应该与他们在其他组织的同行们联系，建立起专业知识人才圈。圈内人就可以成为网络设计、互联网路由设置、学习管理系统开发等方面的合作伙伴。为了做好网络构建，我们需要对外交流、互相支持并且共享最佳方案。

投资你的信息技术团队，帮助他们做出必要的改变，以实现你的混合式教学计划。不要坐等混合式教学让他们改变。

你需要聘用一个网络顾问吗

专家们在是否聘用网络顾问这个问题上各执己见。一方面，对于一些技术支持欠佳的地区，克里斯·梁·维加拉建议：“聘请一个网络顾问，配备一个信息技术与网络审计，让他们参观其他网络建设完备的学校，学习这些学校是如何做的。把时间更多地投入到你的设施和信息技术团队建设上，以同样的方式培养你的教师们，促进他们转型。混合式教学极大地改变了传统的信息技术部门的角色。”另一方面，布莱特恩·王建议：“网络顾问虽然能够提供网络专业知识，但是他们的专业知识通常与学校网络水土不服，并且他们动不动就频繁地构建网络，花费成本太高，和你最初制订的关于技术如何在课堂上被老师和学生应用的战略计划不符。”可以联系其他邻近地区的同事来听取他们的意见。

获取“徽章”

战略的规划者

- 最初要制订战略的而不是战术的技术决策。
- 通过投入时间和精力帮助你的信息技术团队了解你的教育项目及规划。
- 立足于技术在日常课堂流程中的作用，开展基础设施建设。
- 弄清楚关键术语，明白为什么你要了解这些以及可能问及信息技术人员的问题，这些术语包括：电力、电缆、网络基础设施、互联网连接、宽带，无线设计、无线访问接入点、教育优惠率、内容过滤以及长期可持续性。
- 通过注重设计一个与目标相符的网络来开展网络基础设施建设。
- 准备好和信息技术团队一起应对改变，如果需要的话，寻求帮助和支持。

GO Blended!

第三部分

如何开展混合式教学

你已经做出了重要的决定，并且制订了清晰的计划。是时候大显身手了！开展混合式教学绝非打开电脑、让学生坐在电脑前学习那么简单；它是教师为保证混合式教学的课堂效果及学生成绩所采取的一系列行动的整合。经过针对性的专业培训，教师们能够信心十足地在课堂中成功地实践混合式教学。并且，教师们做好充分准备后——我们称之为“准备就绪”——学生的学习效果可以达到最大化。在接下来的五章中，我们将详细讲述教师所需要的针对性的专业培训以及教师为成功开展混合式教学应遵循的具体准备步骤。

第 10 章

开展有效培训

经过深思熟虑，我们选择了一种在教师技术培训方面不必大费周章的混合式教学模式。因为我们希望教师们专注于教学内容和教学方式，而不是舍本逐末，把精力放到钻研技术上。我们在对教师进行技术培训时采用“马拉松”模式，因为我们深信一旦科技在教室内稳定应用，教师对技术不再排斥以后，他们就会开始借助技术进行授课。一些教师在课堂上初次应用技术后，就会想方设法创新科技的课堂应用。有些教师则属于慢热型的。但是，教师们在第一年和第二年的技术应用结果令人失望，与预期相差较大。我们期望老师在技术学习方面具有主动意识，不同的教师在建立这种意识方面有快有慢。

卓越公立中学联盟的蕾切尔·克莱因认为：“关键在于将教师和其他领导者培养成有主动意识的消费者，那么他们就会接手准备工作，也会自始至终保持着较高的自主性。”成年人对新技术的接受能力大相径庭，在技术推行的各个阶段，我们都会为教师的成长提供支持。

若要专注于教师们的专业发展，首先要弄清楚想要借助混合式模式来解决的教学问题，其次要从教学和软件应用两个方面入手来进行专业发展培训。（表10.1的框架图展示了进行教师混合式教学专业发展的几种不同类型。）

表10.1　教师混合式教学专业发展类型

教学培训 基于学习成绩数据，进行小组授课计划和教学。系统可以灵活地进行分组。 关注点：我如何设计小组活动，使得每位学生都能与其他3–5个学生进行小组活动或者独立完成任务？	开展混合式教学 学生能够高效地完成上下机例行程序。准备做好激励措施。 关注点：我如何做才能让学生独自上机时的学习效果最大化？
软件知识培训 在课堂上运行程序，查看数据，实现效率最大化。 关注点：我如何在电脑上进行内容分配以确保每位同学都能达标？	技术培训及技术支持 后备方案、即时课堂、键盘输入、网络安全以及常规的多媒体课程。 关注点：如何教会学生解决运行中可能遇到的技术难题？

我们已经将教学培训纳入到了新老师暑期培训以及后续专业培训中。在开展混合式教学之初，每年年初我们都会向教师提供混合式教学和软件知识培训。此外，我们的混合式教学助教在项目实施过程中，会按需提供技术及技术支持培训。为了让课堂教学有重大改观，我们愿意向教师们提供培训机会和支持。混合式专业发展培训与我们向教师们提供的教学培训同时进行。阿斯拜尔公立学校联盟有着实力雄厚的教师专业知识培训和支持系统。我们并不想为混合式学校单独创立一套新的体系或设定不一样的期望值。我们希望混合式专业培训内容与教师接受的教学培训内容相吻合。我们更希望向教师提供我们的内

部专业培训，这样一来，教师们在培训中接收的信息与我们的教学项目就会完全匹配。

培训是混合式教学的必经之路

在制订培训计划时，学校对混合式教学转型有清晰的目标和实现路径至关重要。与软件销售代表携手，一起努力，确保软件培训内容致力于帮助教师在课堂上应用混合式教学以实现其教学目标，让软件培训对教学项目起到支撑和辅助作用。与培训人员交谈时，我发现，他们建议教师采用我们完全否定的方式来进行教学改革。我告诉教师如果软件培训人员所说的与我们所讲的有出入，可以不用听他的，当然我希望培训人员能够胜任。如果可能的话，在进行培训前就让老师登录软件项目，这样他们就可以浏览项目，还可以在培训时提出问题。教师一般都会提问很多问题，在面对全新技术时更是如此。让教师们

关键理念

对微观管理软件销售代表以及培训人员，要提前查看他们的培训日程，删除或者推迟不必要、不紧急的课程。例如，如果可以自动生成账号，教师们就没有必要花时间学习如何建立账户。同样，如果学生还未生成任何数据，教师们就没有必要学习如何读取仪表板数据。确保培训信息与学校的信息一致。

体会到即时信息交流和培训的价值。

开启实践模式

我曾参加过一些网络研讨会及培训，那简直就是在浪费时间。我想你们的老师也有过类似经历。即便如此，也不可省掉培训环节。错过给混合式教学定位及对教师们进行混合式学习基础知识扫盲的机会，你一定会为此后悔的。所以，要派出教师参加培训。克里斯·梁·维加拉这样解释道："培训教师时，一定要开设实践课。尽快将理论讲解转变为实践模式。像对待学生一样对待教师，不要因为教师坐在那里接受了60分钟的培训就给'过关'。他们还需要证明自己确实理解并掌握了培训内容。"

跟进培训

如果初次培训成效显著，一旦学生们开始生成数据，教师也开始咨询更深层次的功能相关问题时，就可以安排一场跟进培训，时间大概在初次培训的六到八周之后。E.L.海恩斯公立特许学校的珍妮·张解释说：

大部分教师发现没有跟进培训的单次教学培训的效果远不及定期的、全年都有的培训。例如，教师们可能需要额外的培训来学习如何获得数据、解读数据。无独有偶，一些教育家发现邀请有经验的专家进课堂也是非常有效的。专家在课堂上进行现场培训或现场示范可以让教师们更好地、更直观地了解高效的课堂实践。如果你们自己有内行专家，可以提供这样的指导，那简直棒极了！如果没有，我建议可以邀请能够胜任初级培训课程的供应商，全年跟进，解答教师和管理者的问题，满足他们的需求。查看附近的其他学校，联系那些使用某种程序践行混合式教学的教师或人员，如果他们能就软件供应商的服务水平及使用成效向你提供真实的反馈信息，这将对你大有裨益。

如果可以的话，年初就将这些培训计划列入日程表中，这样就不会为时间问题发愁了。（根据表10.2中列出的时间轴，可以规划全年的培训课程。）

表10.2　混合式学习专业培训时间轴

开展混合式教学之前（可以在提前一年的任何时间为实施混合式教学做准备）	开展混合式教学	一旦混合式教学开展后/运行混合式教学时
●“混合式教学”基本综述 ●基于程序变化的教学 ●软件训练的初级水平 ●与混合式教学相关的程序和步骤	●基本的技术使用和技术维护 ●教师们向学生传授混合式学习相关程序和步骤	●基于实际需求展开教育和教学 ●针对读取和使用数据报告进行跟进培训，加深对软件的理解

将混合式教学培训和专业知识培训紧密融合

不要给混合式教学“另立门户”。混合式教学应该是学校文化的一部分。你一定不想让老师把所有出现的问题都归咎于混合式教学。他们会因教室图书馆占据太多空间而否定图书馆吗？我们觉得不会这样。混合式教学在于让各个系统协同运转。

卓越公立中学联盟的蕾切尔·克莱因认为应引进能够在培训中提供教学服务支持的人：“这包括可信赖的导师以及与教师在教学方面

打过交道的专家。这有助于将教师培养为优秀的领导者，有利于节约成本，并且易于实现专业培养目标。”混合式教学是一种团体运动，你希望所有的队友和你的目标一致，都关注学生的学习。

关注教师需求

教师们的经验和对混合式教学接受程度互不相同，这导致了他们的需求各异。联合升学公立中学联盟的乔纳森·提寇认为：

我们需要把握教师们对混合式教学的掌握程度和接受能力。较之执教多年、经验丰富的老教师，初登讲台的新教师有其独有的一套技巧和教学知识。教师们在技术应用、课堂管理和教学计划等方面存在着较大的差异性，所以，我们需要了解教师的现有水平，努力满足他们的个性化需求。

因为每位教师的需求都不尽相同，所以他们需要的支持也不尽一致。阿斯拜尔捷威学院的桑迪·希门尼斯解释了为什么这些变化和挑战都是值得的：

作为一名新老师，在给一年级授课时，我经常遇到各种各样的变化和挑战。所以我听说要在我的课堂上实行混合式教学时，我感到有些紧张，因为这对我来说不仅意味着一种改变，也是一种挑战。混合式教学的日程、步骤以及过渡环节都让我发愁。确定日程和步骤之后，我面临的最大挑战就是进行混合式教学的过渡，在管理那些自觉性不高的学生时面临的挑战则更大。因为上机学习是个新兴事物，我的学生们对此激动万分。所以，对于一些学生而言，按时退出电脑登录并进行下一个任务的学习是一件非常困难的事情。这就浪费了宝贵的授课时间，推迟了导读教学。在经过无数次示范和学生练习后，我决定用图表的形式记录学生们的过渡时间，制订激励措施以推进过渡进程。这种方法奏效了！现在，过渡进程得以迅速推进，多半学生可以达到两分钟内过渡的要求。而今，我可以高效组建导读小组学习，并和他们一起完成任务。

除了面对过渡时的重重挑战外，混合式教学本身就是一个非常大的改变。我能够通过在微型课堂中进行引导型教学来更好地满足更多学生的需求。期间，我也意识到了许多错误想法和错误观念，这些是在课上实施大组教学无法察觉到的。看到孩子们不断成长，并且把他们在电脑上所学的知识应用到微型课堂中，这弥足珍贵。继续践行混合式教学方法，作为教师不断进步，见证学生们通过混合式学习方式提高他们的学业水平，这些都让我激动万分。

鼓励教师探索新的教学方法

课堂实行混合式教学时，我们希望教学方法随之改变，尤其是我们希望老师对学生进行更多的个性化及小组教学，这给教师带来了极大的挑战。虽然我们将提供培训及小组教学的专业培训作为我们向教师提供常规支持的一部分，但是混合式教学环境向老师提出的教学要求也在增长。他们每天需要调整大班上课教学计划的部分内容，来实现多个小组授课。为了让小组的学习充满活力，教师需要设定更加行之有效的体系以清晰地记录学生的进步历程。同时，在进行混合式教学时，教师可能要学习新的教学方法来代替那些被淘汰的不合时宜的旧方法。

阿斯拜尔泰坦学院的克里斯汀·迈克格拉伊分享道：

作为一名刚入行的老师，我很难陈述实施混合式教学后自己工作的变化情况。但是我可以肯定地说，这与我去年做实习生时的情况大不相同。首先，混合式教学方法让我更加深入地了解如何给学生分组，因为要想把一个班级分成两大组，我必须清楚地知道哪些同学会促进其他同学进步，哪些同学需要其他同学的帮助，谁跟谁不能分到一组等。在这两个小组内部，我还要将学生进行两两分组或者三三分组，这种方法让我更好地了解各位同学，这不仅是因为我与每位同学打交道的时间长了，也是因为我可以不断地得到他们课堂表现的反馈数据。混合式教学让我真真切切地了解每位同学，知道他们如何进行最高效的学习以及如何将我的时间效率最大化，以保证他们尽可能地得到最大的发展。

仔细倾听教师讨论他们的工作是如何变化的，尽职尽责为他们向混合式教学模式过渡提供支持。

同样的，计划议程对教师来说也很困难。我们明白为教师们精心制作计划样本对教师向混合式教学转型提供了有效的支持。（参见附录10和11中为K-5年级学生制订的教学周计划样本。）

定期进行反馈

每次培训后及每年定期都要收集教师反馈，以明确如何促进教师专业水平提高。阿斯拜尔公立学校联盟的首席人力资源官希瑟·柯克帕特里克认为，这种投入对我们在阿斯拜尔所做的一切至关重要。提供实时反馈以及用户友好化将为我们这一项目的大获全胜做出重要贡献。在推行混合式教学的学校里，我们每学期都会对教师进行调查，汇编反馈信息并反馈给校长，在实施下一步计划时要回顾这些反馈，然后继续邀请教师和校长告诉我们哪些措施奏效，哪些措施一无是处。（附录8是年终教师调查问题清单，虽然有的反馈令人不快，但是却具有启发性，并且最终会让我们更加成功。）

获取“徽章”

勇敢的发起者

- 明确教师所需的专业发展类型：教学专业培养、混合式教学培训、软件培训、科技培训或科技支持。
- 及时进行后续培训，必要条件下，制订跟进培训议程。
- 将混合式教学相关的专业知识培训与当前教师教学培训相结合，混合式教学是学校教学工作的一部分。
- 细化外部培训人员制订的培训议程，以确保培训重点突出，目的性强，时效性高，且与教学项目相匹配。
- 征求反馈意见，为将来的专业培训提供信息，使之逐渐完善。

第11章

教师和课堂都需要做好充足的准备

尽管老师和学生对能够在电脑上学习十分兴奋，但是请注意，在学生坐在电脑屏幕面前学习前，你还需要做诸多指导和准备工作。首先，你需要重新审视你打算运用混合式教学来帮助你解决的教学问题，并且就如何让学生做好混合式学习的准备做出规划。电脑学习可能非常吸引人——尤其是在最开始。一旦那种吸引力减弱，学生坐在电脑前，可能会开始探索电脑的其他使用方法（有时鬼鬼祟祟地，而且通常一无所获地）打发学习时间。教师们在最初就需要花时间向学生讲解电脑使用的例行程序，让学生更有效、更有目的性地安排上机学习的时间，并且养成良好习惯，同时，这也能够让教师把时间集中在教学上而不是花在管理电脑使用行为上。千万不要省略这个极为重要的步骤！唯有课堂“准备就绪”，学生从教师那里和电脑上学到的知识才能最大化。在本章中，我们将详述为了让学生和课堂准备就绪，在开展混合式教学前教师需要采取的具体措施。

教师和课堂的准备情况是决定何时启动混合式教学的一个关键因

素。当我们在田纳西州的孟菲斯市开设我们的第一所学校时，我们意识到我们将要与新的教师和学生一起开展混合式教学，这就意味着开展的方式不能按照我们当年的套路进行。我们在孟菲斯的同事开创了一个混合式教学准备程序，并取得了很大的成功。我们可以从中学到三点来帮助我们创造混合式教学准备程序：

1. 并不是所有的课堂都已准备好进行混合式教学。

2. 如果学生还没有具备较强的自主学习的能力，电脑到位只能给管理工作增加更大的难度。

3. 导师和校长发现，如果教师或学生没有为开展混合式教学做好准备，就难以向教师提供帮助和支持。

记住这些经验教训，团队要明确说明准备工作的具体步骤。一旦教师和他们的课堂准备妥当，就会在教室里安装电脑，准备开展混合式教学。

课堂管理与教学基本功双管齐下

就像不是每个学校或主要负责人都准备好实行混合式教学一样，并不是每位教师都准备好进行必要的教学改革、实施混合式教学。教师的意愿是至关重要的，但是如果教师的课堂管理不严，教师的教学基本功不扎实，那么把新技术嵌入课堂教学，既不会改善管理，也不会促进教学——它只会使两者更糟。

循序渐进，帮助教师实现目标

教师们对混合式教学的准备进度不一致：有些教师按照设计严谨的

关键理念

一定要等到老师和课堂准备妥当后，再把电脑安装到教室中。当一个课堂准备就绪时，学生才能从教师那里和电脑上习得知识，让学习效果最大化。

体系和程序，非常自然、轻松地完成了混合式教学与他们现在的教学方式的融合。但是有些教师需要在管理和教学改革方面费很大功夫，才能顺利地进行混合式教学。这种参差不齐的状况是混合式教学实施过程必经的阶段；让每一位教师都能从现在的水平出发，达到要求至关重要。

我们在孟菲斯的团队在着手准备开立两家新的混合式教学学校时，想尽办法确保每位教师在让学生使用电脑学习之前都做好了混合式学习的准备。这个团队将混合式教学纳入暑期培训中，实现了现有教学与混合式教学的无缝对接。等到学校开学时，团队向每位老师发了一封信（详见图11.1）。

团队设计出这个反思与演练表来帮助教师们反思他们的课堂，并且帮助导师们和主管们根据此表为教师们达到准备就绪要求提供具体的支持。

在混合式教学开始前分享自我测评表，团队可以和所有教师交流他们对准备就绪的期望值，教师们也可以对他们为开展混合式教学所做的准备有一个较为清晰的概念，导师和主管们也可以将此表作为一个规划工具，用以识别教师需求，向教师提供具体的支持和服务。

老师们，大家好！

令人激动的新学年就要开始了！我们非常高兴看到许多学者参与到混合式教学中，也非常感谢他们让我们在学校里度过了一段美好时光。

在暑期培训中我们提到过，我们希望您在八月份抽时间和你们的学者联系，并制订一个常规例程，以加快独立实践教学。我们在为尽早实施混合式教学做准备，我们会积极地向您和您的学者提供支持和帮助。为了保证混合式教学有一个好的开端，我们会做好准备，绝不会让您有猝不及防的感受。我们不会制订一个全校统一执行的时间轴，反之，我们会根据个人情况给每位教师提供个性化支持。

为了让您更清楚地了解情况，请参看教师自评：混合式教学准备情况表（在下一页和附录7中都可以找到）。请各位教师，根据需要，借鉴此文件，完成各教学领域的自我评估，并且和你的教学导师合作制订一个关于下一步措施的计划。凯蒂和汤米将会和你们每个人一起回顾和使用此文件，克里斯将会配合你们将混合式教学使用的电脑安装到教室里。在你的教室里安装了电脑后，克里斯、谢丽塔和韦尔尼斯将会给您提供支持和帮助，为轮流上机和电脑操作提供课程支持和辅助资源。

如果有任何问题请来找我们，我们竭力为您服务。感谢您为混合式教学所做的一切！

图11.1 写给教师的“准备就绪”通知函

学生也要开启混合式学习之旅

教会学生独立自主地学习再重要不过了。这个技能对任何应用技术的人都非常重要。（例如，如图11.2所示，这张轮换图有助于教会学生他们需要做什么和以什么样的顺序操作。）

阿斯拜尔泰坦学院的教师阿利森·米尔纳说，有些教师在学生使用电脑学习的过程中让学生们自己努力奋斗。她说：

在关于学生解决问题能力方面，我得到了一个非常有价值的教训。那是一个星期四，我出差了，一个代课老师负责监督他们的混合式学

教师自评：混合式教学准备情况

你要想在你的课堂上成功地开展混合式教学，教学要素、行为要素以及以数据为导向的要素都要准备到位。可以和你的教学导师一起，用这个文件来确认你的课堂准备情况。

教学要素	描述	下一步措施/目标
• 学生知道并且能够在不经提示的情况下完成扩展学习。他们可以100%独立完成（时长大约为25–30分钟） 例如，当独立完成一节数学微型课程的学习后，学生开始独立完成其抽取的抽认卡上的任务，学生之间互不影响	列出或描述学生要做的内容 英语语言艺术： 数学：	和导师讨论培养独立能力的方法 • 课堂授课重点是培养独立能力 • 询问导师对学生自主学习的观察结果
行为要素	**描述**	**下一步措施/目标**
• 以积极支持学生行为的方式实施行为管理体系 例如，老师给学生的判定结果是要求他或她到反思桌反思，这个学生照此去做了，并且对此没有任何异议	行为管理体系 • 在课堂上做展示 • 被有效地使用，但课堂的教学或正常流程不会因它的使用而受到干扰 • 维持一个积极的课堂文化	• 和导师一起讨论使行为管理体系更加紧密的方法 • 课堂授课的重点是培养认同感 • 向导师寻求帮助
数据的使用	**描述**	**下一步措施/目标**
• 教师对学生分组有非常清晰的认识，分组的依据是数据（行为数据或学习成绩数据）	明确说明你要利用数据给学生分组的计划	• 和导师讨论数据应用问题 • 和导师讨论分组的理论依据

习。我有些紧张，因为我的学生会提出很多问题。从一节上机课他们就能提出5–10次问题的经验来看，我觉得他们好像一直都需要教师的帮助。然而，我不在时，学生们却在一天只问了代课老师2–3个问题。我从混合式教学助教那里得知到这个消息后，逐渐意识到学生们动辄就向我提问题求助的原因在于我，是因为我愿意帮他们，有时我甚至还让混合式教学助教进来帮助他们。从那之后，我告诉学生必须要依靠自己努力解决问题。给学生施加的压力使得他们能够在上机学习时间更加独立自主地学习。关于何时向学生提供帮助，何时督促学生独立进行批判性思考及解决问题要有一个清晰的认识！

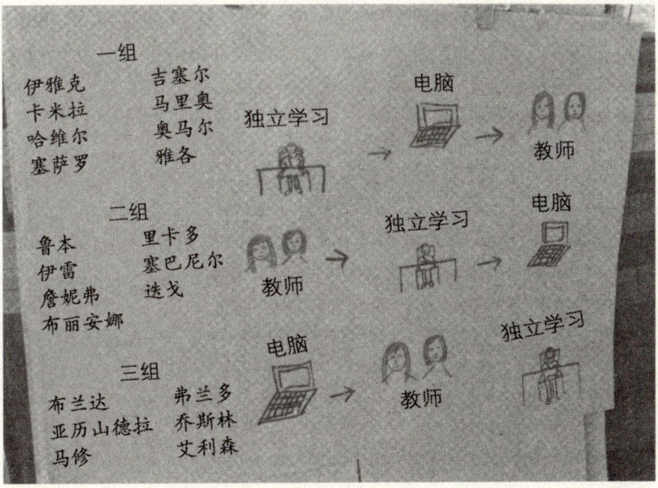

图11.2 基于分组的课堂轮换图

学生需要时间和刻意练习来适应混合式教学

教师们多次和我提及他们因为抵不住学生上机学习的热情，没有

关键理念

我们希望学生参与上机学习的“生产性奋斗”活动。我们不想让学生失败，但是在他们可以真正独立学习之前，我们不能评估他们的上机学习能力。用这些数据去判断谁在学习中有困难，并且鼓励教师应该让学生自己先挑战困难，而不是每一步都帮助他们。对那些看到学生在技术方面遇到困难就满怀同情心的教师来说，面对学生的苦苦挣扎，却置之不理确实是一种煎熬，但是，有时候我们会惊奇地发现学生对技术难题的适应能力要比我们想象的强得多。

等到学生准备就绪就让他们开始上机操作的惨痛教训。阿斯拜尔捷威学院的教师塔林 · 蒂萨罗恩认为混合式教学的例程与其教授的其他科目的例程没有什么差别。她分享道：

如今，我已经在我的课堂实施了两个半月的混合式教学。回顾这段教学经历，我对一件事感到非常遗憾：没有培养学生的肌肉记忆。当我们收到开展混合式教学的课程计划时，我只是按照计划教学生。然而，我最近才意识到我应该花更多的时间来培养他们上机与端坐的耐力和毅力，我在纳闷为什么最初没有把这个列入到计划中。我们通常花费4–5周的时间开展Daily 5（一个读写程序）的学习，因为我们需要学生通过大量的正确模式和错误模式练习来建立肌肉记忆，这样学生就会记住正确做Daily 5时是什么感觉和什么样子。在学生做练习时我们会给他们计时，我们设置了多达20分钟的学生自主学习时间。学生一完成任务，我们就会立刻向每位学生提供反馈意见，告诉他们哪些地方做得好，哪些地方需要改进。我发现肌肉记忆练习真的有助于学生坚持完成任务，在Daily 5实践中富有成效。最重要的是，学生能够运用肌肉记忆进行自我调节！通过观察现在参与混合式学习的学生，我发现针对他们的本该禁止的行为，应该制订一个更长期的指导与耐力计划。肌肉记忆对学生至关重要。所以下一年我再开展混合式教学时，我打算使用耐力图表，让学生们进行至少为期几个星期的正确模式和错误模式的练习（肌肉记忆），这样他们就能牢牢记住正确的混合式学习模式（见图11.3）。

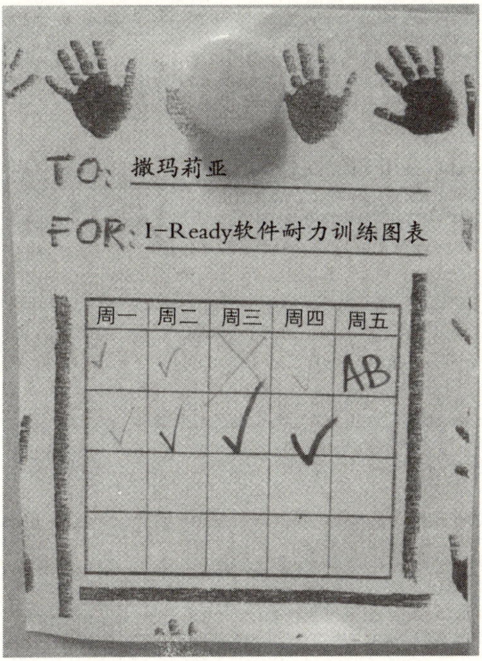

图11.3 学生耐力跟踪表

GO Blended!

表彰进步者

我们在孟菲斯的同事还设立了“混合式教学奖”，对教师们在混合式教学上做出的努力和成绩表示认可和表彰（见表11.1）。在每周的教师会议上，他们就会给一名教师颁发混合式教学奖杯（一个旧的纪念品顶上粘着混合式教学标识），以表彰其凭借知识和决心向着混合式教学的成功实施所做出的努力。学校在宣告结果时会播放“虎之眼”之歌（因为学校的吉祥物是老虎），让教师进行发言，并且就其在课堂上所做的内容进行采访。就是用这种方法，学校对在混合式教学开展过程中付出了不懈努力的教师们给予表彰。（如图11.4中所示，寻找有创意的方法来图解学生信息，可能会有帮助。）

表11.1 “混合式教学奖”

“混合式教学奖”
该奖项表彰老师在混合式教学前期启动和后续支持过程中的恪尽职守、坚持不懈和合作共事 作为接受者…… 要成为至少一个其他老师的思想伙伴：提供支持、提出战略意见、鼓励他人 每周五的团队会议上，我会向一名教师颁发奖杯 混合式教学模范——知识 & 决心

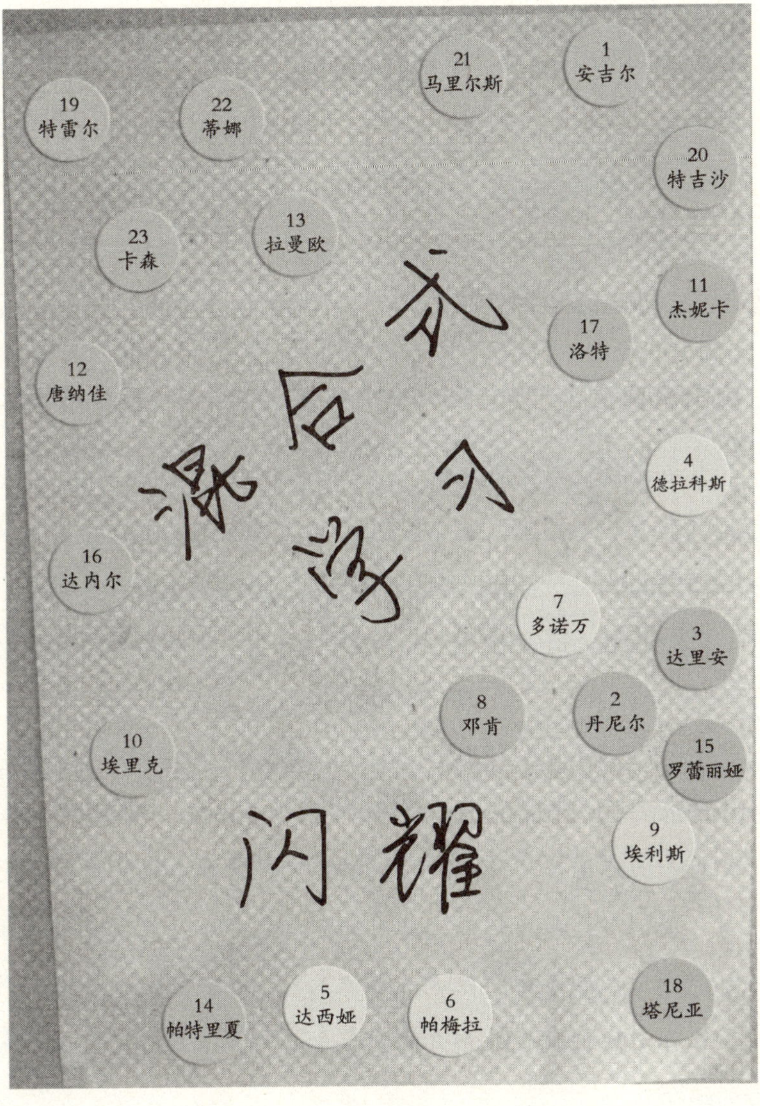

图11.4　计算机分组和工作区号

建立互助小组，分享最佳实践经验

因为混合式教学刚起步，你需要不断鼓励教师投入到学习和发展中。每周一次的混合式教学时事通信是一个非常好的选择，它有助于随时交流软件相关的有用信息，表彰成功者，分享最佳实践经验，并围绕混合式教学创建学校文化。

混合式教学是一个长期、灵活、开放的学习与变化过程

在开展混合式教学过程中，应注重和教师们联合起来应对改变，这包括当在教学实践方面做出重大改变时，既要掌握他们的期望，又要清楚自己的期望。混合式教学不能一蹴而就：它是一个长期的、灵活的、开放的学习和变化的过程。较之第一年，你的课堂在第二年会有很大的改观，并且这个过程将会不断持续下去。

让老师把注意力放在通过引用技术要解决的教学问题上。基石特许学校的汤姆·威利斯提出了一个类似的观点：

相对于回答诸如“你怎么知道教师已经准备要做出改变”之类的老掉牙的问题，我觉得教师具有开放的思想，并且愿意致力于尝试一切新方法帮助学生学习才是最根本的。让教师们改变有两种方式，要么强迫他们改变，要么他们自主改变。很显然，后者是一个更好的选择。

获取“徽章”

勇敢的发起者

• 明确老师和课堂“准备就绪”应该是什么样子，并在开始混合式教学之前就探讨清楚“准备就绪”如何实现。

• 强调要想达到准备就绪的标准，需要时间和刻意练习。

• 可以开展诸如“混合教学奖”等的仪式来表彰进步者。

• 通过时事通信及其他交流方式，吸引老师投入到混合式教学发展过程中。

• 要认识到对老师和学生来讲混合式教学是一个旅程，一个充满着变化的旅程。要管理期望，并表彰成功。

第 12 章

用教学课程支持混合式教学

我们很快发现，为了使混合式教学顺利进行，教师花费了大量时间教授学生电脑的使用方法和步骤。有时教师们尝试缩短这个过程，让学生尽早上机操作，但到头来不得不返工，重新教授他们操作方法和步骤，以顺利推行混合式教学方法并且将混合式教学应用到小组教学中。我们强烈建议在开学后的两至三周内，先不要让学生上机操作，而要留出充足的时间完成我们制订的课程计划中包含的课程。

本章中提供的资源来源于K-8年级的各个班级中实行的机房轮换模式的混合式教学。但是，其中的有些课程同样适用于其他模式、场景及学生，因为这些课程也涉及了学生与科技的互动。

我们曾听有些教师说："一旦我们推行混合式教学方式，我就会采用小组授课模式，这样一切都会更顺利。"然而，实际上，小组授课并不轻松，这意味着教师要制订计划，进行授课，解决问题，并且是在一种充满重重挑战的环境下解决问题。

将一个为24-30人的班级划分成若干个可以灵活调整的小组，对于那些不具备类似的管理经验的教师来说，他们还需要进行额外的专业知识培训，而这类培训的知识范围远超出了本章课程的讲述范畴。

推行混合式教学，注意倾听学生们的心声至关重要。学生能够让你了解到哪种措施更有效，哪些需求需要更多的支持。我的混合式教学团队的队友孟菲斯、克里斯·弗洛雷斯说道：

我从学生反馈中得知了许多重要的事情，比如他们十分珍惜在小组学习中与教师共度的黄金时光。他们认为，正是他们现在所处的混合式教学的环境，让他们体验到了之前课堂中从未有过的高效的教学。他们还觉得这就是网络学习的重要意义所在。相比之前的集体大组的学习方法，这种方式增加了教学过程中与教师共度的时间，因而交流性和针对性更强。

培养学生自主学习——混合式教学成功的关键

理论上将，如果学年伊始，教师就把混合式学习的教学方式、步骤和原本的教学计划相结合，混合式教学就不会与日常授课脱节。教师发现随着实践教学的增加，犯错的数量也在与日俱增。阿斯拜尔史劳森学院的教师孔泰萨·肯纳蒂说道：

对于刚开始采用混合式教学方式的教师们，我的建议是，在让学生们上机之前，要多次练习操作步骤。我们已经多次对过渡环节进行了练习，甚至最初我们将这些步骤编成了歌曲。我告诉学生们他们如何排队、站队、上机以及登录电脑的方式和上机时间。此种练习能让学生很好地过渡到混合式学习中。

我们必须明确地教会学生自主学习，这对混合式教学来说至关重要。在我们的课堂上，学生自主性意味着学生可以不经提示就能明确和完成拓展任务，且不管是进行独立学习、独立阅读，或是其他的学习活动，均可以独立学习25至30分钟（即一组轮换时间）。（例如，在图12.1中，一位教师为学生们选择了一个每日聚焦话题让学生们查询相关图书，并将学生查询的范围最小化，使教师将查询内容与课堂中学习的其他内容联系起来。）如果学生在日常课程学习中做不到持续独立学习，他们在网上学习时一样难以做到，这就对教师进行差异化教学的能力提出了更高的要求——教师还要花费珍贵的授课时间用以管理学生的上机行为。上机要求应该在其独立学习前讲授且加以练习。（例如，图12.2向学生们展示了如何向电脑学习过渡，图12.3展示了学生的日常例行轮换程序。）

日常教学不仅包括锻炼学生的独立性和进行课堂的活动，还要重点培养学生操作电脑的能力。梅斯特锐特许学校的尼提·托马斯提

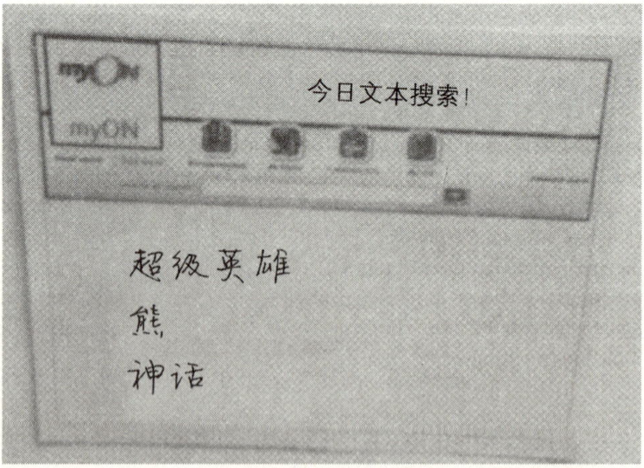

图12.1　学生查询图书的每日聚焦话题

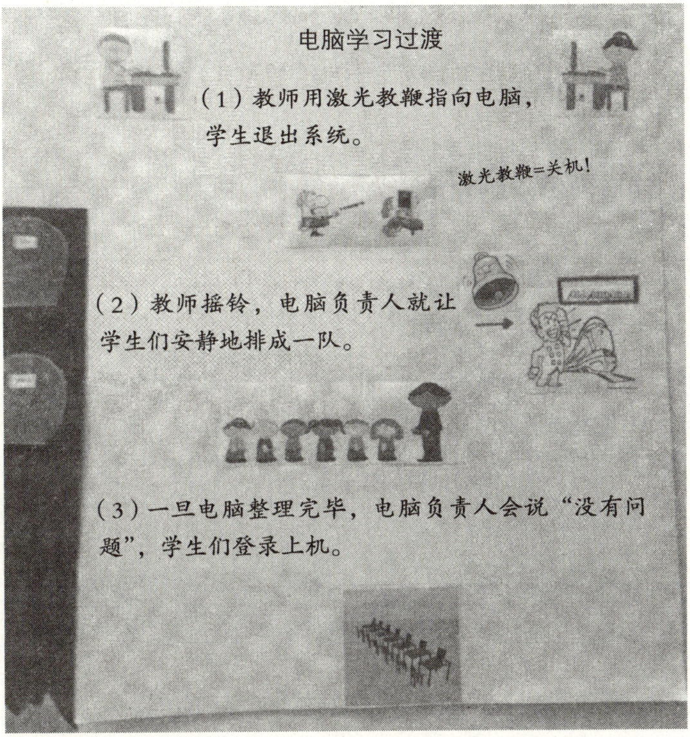

图12.2　学生课堂轮换程序示意图

醒我们道：“不要高估学生对科技的接受程度——就像在日常课堂中，我们需要有意识地教给学生一些方法和步骤，并告知他们什么才是成功。一开始就构建提高自主性的框架，还要鼓励学生犯错误时不要气馁。”

我们列举了在开学之初的三到四周内，或者在推行混合式学习方式之时推荐使用的微型课堂，用以教授学生混合式学习课堂中的方法和步骤（见附录12）。如果教师能够根据学生需求管理课程并且逐渐有序地增加任务，混合式教学的效果会更好。

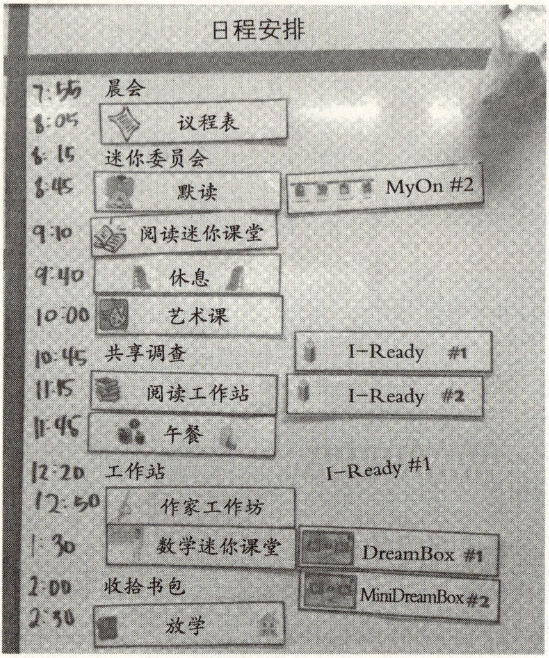

图12.3　混合式学习轮换的日程示意图

混合式教学：最初几周怎么做

混合式教学的开展首先要对学生已掌握的电脑知识进行摸底（详见表12.1）。学生有可能已经十分熟悉电脑操作，并且会非常兴奋地展示他们的现有知识。

安排非上机学习活动

教师们需要对学生的非上机学习活动做出安排。非上机活动形式多样，可以让学生独立学习、合作学习、教师进行一对一辅导，也可以进行小组学习。这些活动设计得越清晰越具体，课堂学习环境就会

表12.1 混合式教学课堂构思

第一周	第二周	第三周
前三天，对学生们掌握电脑知识的程度，上机如何有助于课堂学习，班级自设上机的使用规则等话题进行讨论。如果有可能的话，教师设计每日课堂海报（或者在课堂大开本图书设置每日专栏）来公示讨论的上机相关问题的结果。 随着课程的深入，教师对上机学习充满希望，并且逐渐体会到了乐趣。在讨论后的几天里，教师向学生们示范如何登录、退出电脑以及如何应用具体软件项目。这些软件项目是预先设计好的，所以学生们可以非常清晰地看到。与其告诉学生每个软件项目应该如何操作，不如询问学生自己的看法。每天,班级都会更新海报，并提醒学生们这些软件项目的目标和益处。 在初期不允许学生独自随意使用电脑。他们需要练习如何安全、负责地使用电脑。每次练习后，班级会讨论大家操作的情况，教师会帮助学生在班级图表中绘出他们的进步过程。每次练习时间只持续几分钟。	授课重点是混合式学习的方法和步骤。	大约12天过后，或者当发现学生对上机学习具备了较强的责任心后，学生就可以进行人机互动了。这时，混合式教学助教作为共同负责人，与教师一起开展混合式教学课堂授课。一个小组操作电脑，另一个小组继续自主复习前12周已经学习的内容。在上机学习后，要求学生回到教室讨论每个小组的进展情况。重复登录练习的目的是为了不断提醒学生独立学习的重要性。整个班级分为若干小组，每6-8人为一个小组，每天练习两次——阅读和数学各一次。 每一个顺利完成练习的小组,在之后的练习中，每次延长1分钟。这样做的目的是让学生能够独立完成15-20分钟的自主学习，然后逐渐增加至30分钟。 只要班上有一个学生完不成自主学习任务，教师就可以提前终止训练。第一个月月末，学生们就可以为轮流上机学习做好准备。

越有序，教师在轮换过程中所做的必要的管理工作也就越少。这样一来，教师就会把重心真正放在设计最具针对性和目的性的小组授课上。

学生通常是在教师的课桌上与教师直接面对面学习。让学生在教师的课桌上独立地完成学习任务非常有益。在阅读课上，学生们可以坐下，安静地阅读。在语言课上，学生们可以用他们学习的语种进行朗读。数学课上，学生们可以进行算术、数硬币、画图等活动。在学生轮换完后，教师们可以自由地在课堂上走动，这样可以确保学生快速进入学习状态。这种方式效果非常明显！（图12.4向我们展示了一张交通信号灯图，学生每次轮换学习后对自己在上机学习中的表现进行自我反思时，可以参考此图。）

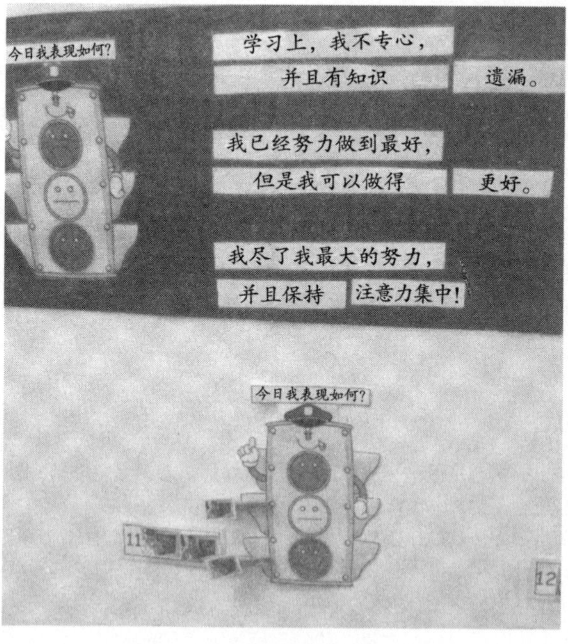

图12.4　交通信号灯图

关键理念：推行混合式学习方式的几点建议

一些教师每天用图表记录班级进步过程。教师或者学生可以通过对表格里面的方格进行涂色来标识学生每天独立学习的总分钟数。

在学生练习时，教师不要对学习专注做出任何提醒。学生们完成练习环节后，将小组召集在一起，讨论刚才的学习情况。教师们可不希望学生养成经别人提醒才开始学习的习惯。

图12.5是过渡时间跟踪记录表，这可以让教师与学生估计混合式教学课堂中轮换所需的时间，并且制订高效轮换的措施。

表12.2是技术融入课堂的教案列表，展示了基于技术的课堂的授课步骤。这些课堂计划在附录12中有详细说明。

保持乐观积极的态度，在学生取得进步时，提出表扬，并且提醒他们每天坚持进行自主学习，这样他们就会不断进步。

教学生用技术手段进行学习

“常识媒体”之类的组织已经为教师设计了用户个性化教学计划，以应对科技和学生信息网络安全带来的挑战。随着需求的增多，需要给学生们做电脑使用、技术应用和网络安全等方面的指导。我们的混合式教学助教会视具体情况给教师安排课程。

不管进行什么类型的教学指导，教师都必须兼顾课堂文化积极向

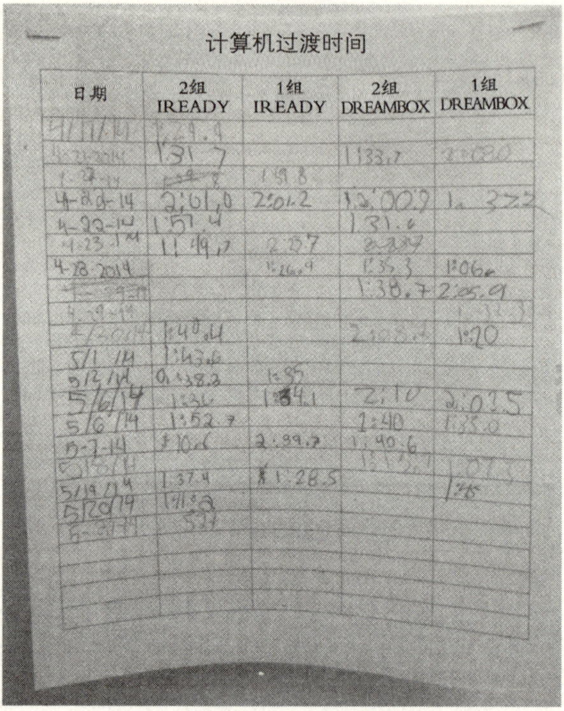

图12.5　过渡时间跟踪记录表

表12.2　技术融入课堂的教案

1. 工作站地点	2. 工作站音量水平
3. 纠正上机行为	4. 纠正在工作站的行为
5. 工作站的必要材料	6. 安静、高效轮换
7. 机房礼仪	8. 轮换准备工作
9. 保持上机舒适度	10. 保养电脑，第一部分
11. 保养电脑，第二部分	12. 纠正键盘使用姿势
13. 使用触控板或鼠标	14. 登录
15. 退出	16. 电脑加载时间
17. 电脑登录故障分析	18. 关闭程序并再次登录
19. 电脑出现问题时应对策略	20. 调节音量
21. 耳机操作	

上、教学高效、程序流畅、管理有效的原则。

洛杉矶联合升学公立中学联盟的乔纳森·提寇提出了如下观点：

> 首先要知道，学生们并没有真的把学习过程视为“混合”的过程和“融合技术”的过程。对于这些科技达人来说，技术就是他们生活、工作和交流的基本方式。学生们已经习惯在日常生活中使用高科技。在我与学生交谈时，他们说技术加速了他们学习和社交生活的节奏，生活由此变得更忙碌，也更有效率。而对于我们这些成年的教育工作者而言，是时候让他们准备好用技术手段进行学习了。

获取“徽章”

勇敢的发起者

- 在进行混合式教学之前预留足够的时间（至少两到三周），在此期间可以向学生教授混合式学习中必要的步骤和程序。
- 在技术运行出现问题时，制订好后备计划。
- 在教授学生应用技术时，要高度负责。他们对如何正确使用技术掌握得越好，你就可以更好地致力于小组学习的指导。
- 明确讲授科技知识、网络安全、键盘说明等问题的时间和地点。

第13章

让你的课堂和学生走向成功

除了传授启动混合式教学必要的例程外，你还要采取其他措施布置好课堂，保持学生的积极性，这个过程将持续一整学年。本章首先阐述了自学软件的重要性，接下来会详细地说明如何思考及教授学生轮换上机和下机的方法以及耳机的放置方法。随后，我们将讨论创建激励机制，解决出现的问题，最后请求其他人的支持。

帮助学生自学程序

老师需要花费时间浏览软件程序，预计学生在自主学习过程中可能出现的潜在的问题。有时，学生对软件所要求的登录和退出形式不熟悉，或者对不识字的学生来说是一种挑战。明确告诉学生如何登录和退出软件，从长远角度来讲，将会节省时间（见图13.1）。很多教师利用工作区上方的公告板，组织学生到指定的电脑座位就坐，强调本周的阅读重点，有时还会提供一些软件程序的登录和导航指导（见图13.2）。

图13.1　学生登录电脑软件

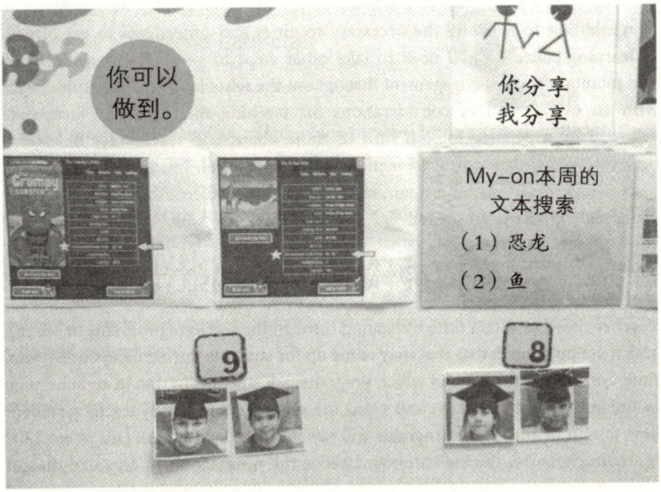

图13.2　工作站上方的公告栏

大多数程序的操作是非常直观的，很多学生出乎意料地对计算机使用和如何解决出现的问题表现出很好的天赋。刚开始，页面总会弹出错误信息提示，所以学生需要学会解决错误和漏洞。老师可以通过截屏、短数字视频、幻灯片展示以及全班授课等形式来展示这些技能。

为了提高轮换的效率，我们的一些教师统计了学生从轮换信号发出到其退出登录需要的时长。

有些软件带有诊断性评估功能，可以根据学生水平设定内容，然而有些软件可以让学生根据自己的学期进度学习相似的内容。在把混合式教学引进我们学校之前，我们的学生从没有在网上做过自适应测试。老师必须自己熟悉自适应测试，教会学生进行自适应测试（防止消极的点击进入或放弃测试），并且解释这些结果如何为学生设定学习路径。总之，这个软件不只是“即插即用”；老师不得不预先教会学生怎么使用这个软件，否则如果学生放弃测试与学习和他们水平不匹配的内容，老师得到的结果会非常混乱，并且这将会浪费宝贵的教学时间。

附录12中的第14、15课讲了如何进行账户的登录与退出。

如何轮换、如何上下机

总体来说，动身到计算机旁边（或让他们出来）或者离开计算机要花费一些时间。教会学生如何轮换——给他们一个感性的印象——这样一来开展混合式学习时将省去不少麻烦。确保有效力和有效率地进行轮换，这是教师们都不能越过的教学步骤。轮换处理得越严谨，浪费的时间就越少！教师可以使用海报来强化和支持轮换课程的学习，详见轮换海报。

创建海报后，让学生练习轮换。就像学生需要多次练习独立的计算机操作一样，他们也应该反复练习轮换。老师将需要一个计时器以及约定一个非言语信号与学生交流，告知他们终止一个活动或开始轮

轮换海报

我们轮换时，看起来如何?	
• 学生快速退出电脑 • 学生完成独立活动 • 学生站在椅子后	• 学生看着老师 • 学生进行下一个轮换 • 学生马上开始学习
当我们轮换时听起来如何?	
• 轻声 • 轻步 • 手指打字声	• 铅笔书写声 • 学生读书声
当我们轮换时感觉起来如何?	
• 沉着 • 专注	• 安全 • 负责

换。一看到信号，学生就要退出计算机或者开始整顿他们的活动，站在椅子后，然后走到他们下一个活动区域。（图13.3和13.4显示了阅读和计算机轮换小组的插卡袋图。）

班级应该在每次轮换练习开始前，重温轮换表。在第一次轮换时，学生应该只需要练习一步一步的轮换。在接下来的练习中，在学生已经练习过了一步一步的轮换之后，他们应开始练习实际操作，每次时长为15-20分钟。当完成轮换后，学生应该回到起始位置，对他们的轮换点赞或者拍砖。

需要贴一张清晰的标记图，这样在每次轮换时学生就知道该去哪里。这个标记图要设计得足够大，确保学生可以清楚看到。（图13.5和图13.6就是例子，形象地描述了在线教学、独立实践与合作实践以

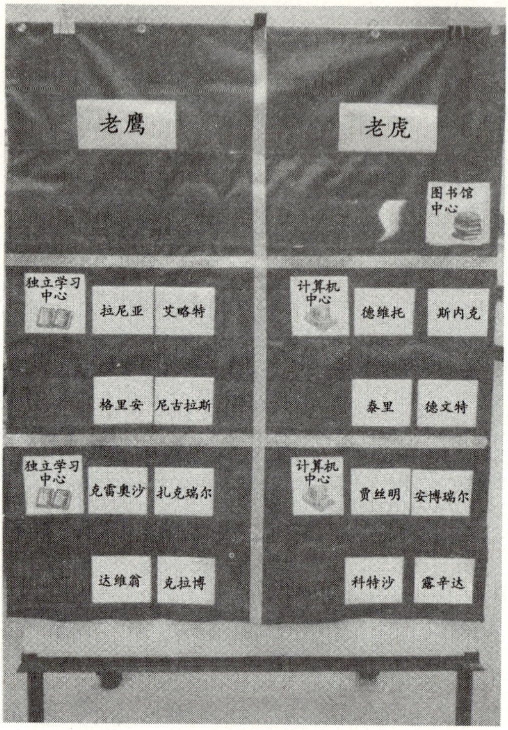

图13.3 计算机小组轮换插卡袋图

及以老师为主导的教学之间的轮换。)

我们的很多教师创建电子轮换表，然后将其在布告板上投影。这样做可以轻松地改变分组情况。

其他教师创立了一套学生可以使用的信号，用以告知学生什么时候该轮换。阿斯拜尔泰坦学院的教师劳尔·冈萨雷斯分享道："我记得我第一次让学生轮换的情景，我们没有想到有些学生在其他学生放回耳机和退出登录时，就迫不及待地进行轮换了。我立即建议按照下面的步骤开展轮换。如今可以说是效验如神。"

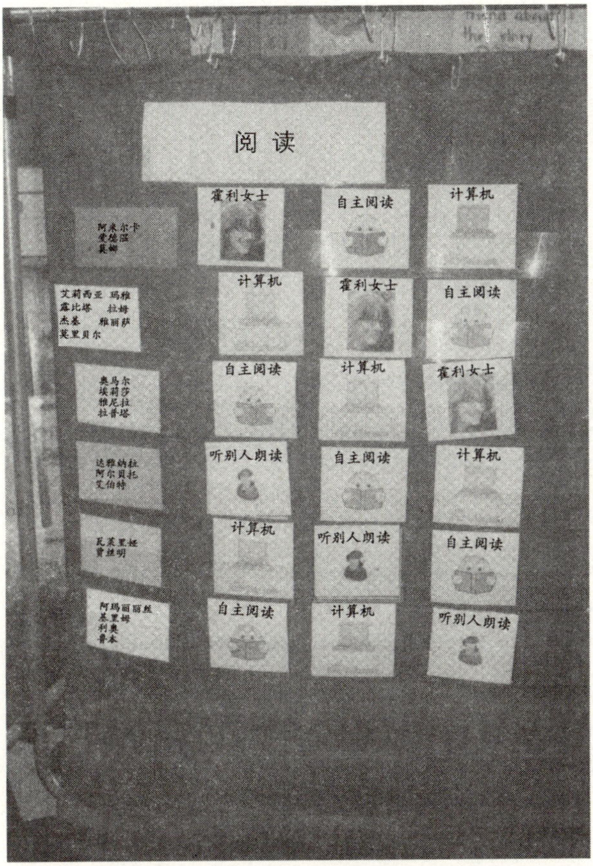

图13.4　阅读小组轮换插卡袋图

当学生在进行轮换时：

- 使用电脑的学生退出登录并且准备收好耳机。
- 当他们完成后走向要使用那台电脑的学生。
- 轻拍等待的学生的背部让其知道电脑可以使用了。

这个步骤避免了让学生走向还未被收拾好的电脑。为什么我说它“在某种程度上”全部可行，因为我注意到有些学生还是会忘记去拍

图13.5　学生课堂轮换表

阅读轮换
<u>第一站</u> –与汉弗莱老师一起参加读书俱乐部 –阅读心得（默读） <u>第二站</u> –微机室 <u>第三站</u> –读书俱乐部活动 –阅读工作坊活动

数学轮换		
<u>第一站</u> –与汉弗莱老师在一起	<u>第二站</u> –拓展活动 <u>第四站</u> –数学工作坊活动	<u>第三站</u> –微机室

图13.6　学生轮换表

他们搭档的背，并且有时候等待的学生只会坐在那里，没有意识到他们的搭档已经退出了电脑。不过我想，至少这证明了他们遵从了等待被拍背的步骤。

创立激励体制，维持学生积极性

虽然学生最开始对电脑有浓厚的兴趣，但是经过一个学年，上机的积极性时高时低。老师在课堂上设置激励机制，学校也设定激励制度，以促进并提高学生的积极性，并为混合式项目的学习创造动力。学生的积极性会随时间减弱，所以教师需要弄清楚如何应对这个趋势。阿斯拜尔泰坦学院的教师艾莉森·米尔纳解释道：

我们如今已经在课堂上进行了几个月的上机学习。在安装电脑之前，我的学生迫不及待地想要使用电脑。电脑刚安装时，我的学生每天不停地问我他们是否可以使用电脑。两个月后，我发现不是所有的学生都像他们一开始时那么兴奋了。现在，当我巡视电脑区域时，我发现几个学生左顾右盼，完全没有投入。当查看数据，比较了估计完成一课的时间与我们有些学生花费的总时间时，就发现有一个大的差距。

对混合式教学教师一个很大的挑战，是从每个软件中找出最可操作的并且可行的数据，以此作为激励基础，草拟出一个真正吸引学生的激励措施。软件提供的数据形式上有较大不同：完成的特殊课程、掌握的标准、教学大纲完成百分比、读过的书、通过的测试等。（表13.1详细介绍了激励措施的样本，也可参考图13.7。）

在公告板上张贴目标和指标，以确保你的激励措施透明化，在班级甚至学校范围内举办达标学生的庆祝活动。在我们走访过的教师中，

表13.1　一些激励措施

年级K-5	年级K6-12
戴一个星期的金色耳机 为班级奖加分 在桌子上放一只动物（班级或软件吉祥物） 得到一个有趣的工作表 获得最大进步的学生可以填写进步表 和老师一起吃午饭	获得15分钟上机自由选择活动或游戏活动 成为班级的技术助手 获得自由时间的兑换券 收到表达肯定的手机信息或邮件 充当DJ角色：选择混合式学习轮换期间的音乐

图13.7　混合式学习课堂激励贴画表

多半能够使用软件上的数据并跟踪他们的激励措施；通常，混合式教学助教帮教师完成这项任务。

阿斯拜尔泰坦学院老师艾莉森·米尔纳通过和学生一起制订目标并且每周和学生一起跟踪数据，激励她的学生投入到他们上机学习中。她分享道：

为了跟踪进程，我们坚持将周目标张贴出来公布于众。星期一，我们回顾前一周的数据并且核查我们是否完成了目标。在看过先前几周的数据之后，我才会为我们的班级制订目标。这有助于我制订出有挑战性的但是学生能达成的目标。当每次我们达到目标时，我就在我们这周的日历上贴一颗星星。一个月最多可以累积12颗星星！如果我们获得了10颗以上的星星，那么我们将会得到一个小的奖励，像一个额外的十分钟的课间休息。这种方法提高了团队意识！只有所有人都尽自己最大努力去做，我们才能达到目标！

玛丽特瑞特许学院的尼蒂·托马斯建议道：

一开始就让学生感到兴奋；当你的学生的兴趣得到激发，你就能够完成更多的目标。让你的文化建设团队参与奖励或激励的创建中，以使得混合式教学在学校范围内——而不只是在班级里得到认可。我们会在早会上表扬学生，并且我们在学校入口处设有一个混合式学习公告板来张贴学生照片。

座位怎么安排、位置怎么选、学生行为怎么管理

根据室内布局、电源、网络连接以及教师对学生的管理，可以设置不同的方式来安排上机座位。在我们学校，我尽最大努力去鼓励老师和主管沿墙设置了一个计算机工作区域，这样可以有地方存放电脑，学生就不用花费时间从手推车上取下电脑，把电脑带到教室里的特定位置。这样的设置可以让教师（和混合式教学助教）在任何时候，在不打扰小组教学的情况下，更方便地监督学生的上机行为。然而，有些老师更倾向让学生把电脑带到他们的课桌上。这对教师监督学生上

机行为以及管控登录、退出时间提出了更大的难题。（如果你真的要选此种方式，一定要考虑电源需求和电脑充电的问题！）

弄清哪个学生对应哪台电脑对于教师来说至关重要。我们的教师要对整学年的工作区域和电脑进行分配。这样一来，如果电脑受到损坏，教师可以追究相关学生的责任。而且，也便于混合式教学助教处理某一个特定设备或软件程序可能出现的问题。但是，在一学年中不能实现固定分组的阶段，分配学生到特定的电脑的方式是不可行的。在这些情况下，教师应该教会学生做出“明智的选择”，坐在能向他们的学习提供最大帮助的朋友旁边，或者教会他们将来怎样去面对此种位置变动。

附录12的第1课和第5课是关于上机座位和工作区域的课程。

考虑到学生的耐力和中途休息的需要，创建一个可以帮助学生进行有效休息的机制。阿斯拜尔泰坦学院的克里斯汀·迈克格拉伊，解释说：

今年的二月份出现了这种情况，学生不再像八月份那样对电脑极度热爱和迷恋。这是完全自然的，但是有时对我来说，维持学生的积极性是件很难的事情。我意识到我的学生们喜欢站起来取纸巾以消磨时间。我计划尝试的一个想法就是帮助学生进行结构化的休息，这样他们就可以有时间放松肌肉和大脑，而不用在纸巾盒周围闲逛了。我的混合式教学助教建议在每台电脑上方粘一个尼龙搭扣，学生可以在尼龙搭扣里放一块表，用以表明他们正在进行一个时长为30秒的休息，期间他们可以随意站起来或环视教室四周。我认为适当应用此种方式，将真正帮助学生在坚持完成整个30分钟的学习任务。学生对电脑的兴奋期会在下一个八月如期而至，当然，这种热爱是周期性的。

保管好耳机才能免除麻烦

我们在耳机上花了很多钱，尽管耳机价格可能不贵，但是它们需要花费很多的时间去管理，这样成本就有可能快速增加。只要谷歌一下“孩子咀嚼耳机线”，就知道我的意思了。（图13.8和13.9展示了两种管理耳机的办法。）

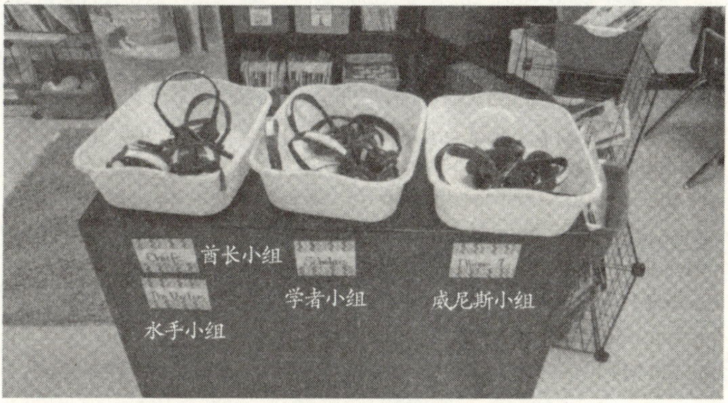

图13.8　不同学生小组的耳机管理

在这学年初我们给每个学生配备了一套耳机，如果万一学生把它弄坏了，由家长花钱更换，我们通过这种方法把耳机成本的负担转移给了学生和他们的家庭。我们注意到学生对耳机的保护意识有了显著的提升，需要更换的耳机数量也有所下降。

附录12中第21课展示了关于耳机如何管理的课程。

你需要充分考虑关于耳机使用的例程。阿斯拜尔泰坦学院的一名教师说：

耳机是个大麻烦。安排存放地点只是刚刚开始。它们很大，装耳

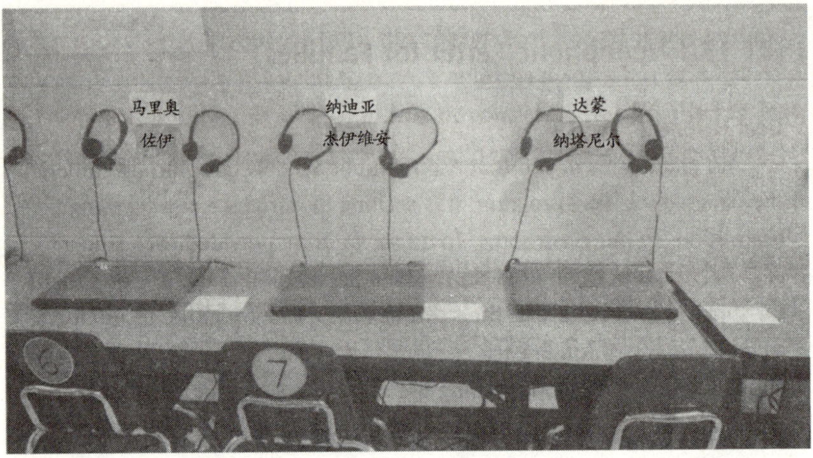

图13.9　井然有序的计算机工作站

机的塑料袋承受不了那么大的重力，而且学生要花费很长时间系袋子。这延长了轮换时间。学生在佩戴时也有困难，他们经常在扯过来并往头上戴的过程中把耳机弄坏。我知道对K–2的学生来说，使用耳机比使用耳塞要好，但是将来使用耳塞将会是一个好主意。学生用力拉耳机线并且坚持说是线是自己掉的。这个问题经常在学生身上出现。我要是多花些时间重复练习如何放置耳机、如何摘下耳机以及如何使用耳机就好了。

关键理念

为每个学生购买一套耳机。每个人使用自己的耳机有助于卫生。

表13.1是我们寄给家庭的关于耳机使用的一封信。

表13.1　致家长的一封信

亲爱的家长们：

我们很高兴地告知您阿斯拜尔公立学校联盟已经正式启动混合式教学项目。我们将学习创新引入到我们课堂里。为此，我们已经向每位同学提供了在混合式学习期间使用的耳机。学生照管好耳机非常重要，因为他们每个学年都要求使用耳机。我们想请您与您的孩子沟通，告诉他们看管好耳机的重要性。万一耳机被损坏，将会由您更换孩子的耳机，因为我们不会提供两副耳机。

学生姓名：____________________

家长签字：____________________

检修故障，加以解决

出现技术问题或行为问题是不可避免的。可能会掉网也可能会停电。阿斯拜尔艾里斯学院的一位前任老师讲述了如下一件事情，那时她的课堂开始试行混合式教学不久：

在今天的断电（然后频繁掉网）之后，我意识到我需要准备一个可靠的备用计划。当我们在轮换过程中发生技术问题时应该知道我们要做什么；这样在引导阅读小组中就不会出现各种不可思议的行为，也不会分散教师的注意力。

我们为各种突发情况做好了准备，这真是一个好想法，因为这些情况经常出现！有时，问题出现在轮换的中途。学生知道如何解决技术难题很重要，因为这样小组教学就不用为此而停下来。

附录12的第17、18、19课讨论了如何解决问题。

无论你的网络有多强大，都可能会断网。当发生此类事情时，你需要一个后备计划（见表13.2）。

表13.2　当断网的时候做什么

问题	解决办法
断电！	你提前复印几套需要做的课堂作业，或者要读的书，来代替计算机
轮换中途断网	你的学生已经有应对这种情况的准备！他们知道去取他们书箱，并坐到他们电脑前读书
学生电脑屏幕上弹出信息框	你已经教会学生找到×并点击它，或者如果可以的话，点击OK

阿斯拜尔泰坦学院的阿利森·米尔纳分享道：

上个星期我们课间休息回来，第一组的学生正要准备去登录英语语言艺术程序进行学习。第二组的学生要去取工作区文件夹和日用品，然后开始他们的任务。唯一的问题是，网络断了。学生不能连接上他们的混合式学习软件。我此时做出的决定是让所有学生都到工作区集合。毕竟，谁也不知道能不能连上网或者什么时候能连上网。我不打算让这一天的引导阅读都白白浪费掉。

继而又发生了一个更大的错误。我的学生不习惯在一个这么大的环境中学习的步骤。另外，目前准备的工作区不是为整个班级同时使用而设计的。有很多环节需要学生讲话。这就使得整个教室闹哄哄，当我进行小组阅读教学时很受干扰。

我得到了教训。再三考虑后，我决定下次断网的时候采用更好的备用方案。（1）我可以等一个或两个小时（根据日期或日程安排来定），转换教学实践和时间。（2）我可以让一半的学生留在工作区，另一半学生默读或做其他自主学习。这样能够使得班级的一部分保持安静又不会使工作区超载。当你在思考混合式教学时，一定要把断网时的应对记在脑子里。我可以保证这种事情肯定会再次发生的！

预备学生被困时的系统

软件出现差错或者加载困难是不可避免的，并且电脑会时不时地罢工，宽带或者电源会断掉，或者会断网。能列出来的技术出问题的情况是无穷无尽的。在这些时候，你需要制订一个计划，学生应该做什么来代替，并且你需要教会学生如何按照你的期待去做事情。下面是一些想法：

- 让学生在轮换过程中带一本书，这样他们可以读书。
- 把学习资料（额外的数学练习、家庭作业、拓展问题）放在计算机旁边的文件夹里，这样万一电脑不能用，学生只需拿一份学习资料继续学习，不用站立起来，也不会打扰其他人。
- 在电脑上装载一些不用上网就可以使用的软件（打字软件、数学练习、下载的书籍），这样学生可以在无线网络中断的时候使用，因为这种情况时有发生。

海莱茵学院的瑞秋·克莱因解释道："对于一个混合式教学领导者来说，没有什么比看着一桌子八岁的孩子低落受挫地盯着网页加载中的旋转轮一直转更令人伤心了，因为孩子们想要玩游戏（尽管是为了实现教育目的的游戏）。"

我们发现与高年级的学生相比，幼儿园和一年级的学生在混合式学习中需要更多的帮助。想象一下这个场景：一位教师和六个学生坐在U形桌旁；六个学生正在自主学习；并且在上机的十二个学生中有六个学生举手示意，因为他们在尝试登录英语语言艺术软件的时候出现错误，甚至不知所措——你马上就会意识到自己犯了一个严重的管理错误。当学生学习如何登录软件，使用触摸板以及推出软件时，让混合式教学助教来帮助这些班级的学生。

实际上，学生的一些小动作可能会导致大问题。然而没有人能预想到每一个意外，当让学生使用电脑时，值得花时间彻底思考潜在的挑战。（表13.3向大家展示了一个关于年纪较小的学生不能登录的可能原因和解决办法的例子。）

关注学生的上机行为

就如其他活动一样，学生的不当上机行为应该是可以预测的。这部分讲的是在一年的试点期间，我们观察到的不当上机行为以及解决这些问题的方法。当然，每个课堂可能有不同的规则和结果（图13.10就是一个例子）。老师应该在特定的班级做最适合的事情。

有时，尽管所有的学生集体做练习，个别学生可能一直在学习方面有困难。在课间休息时的一个简短的一对一的谈话和练习可以帮助解决这个问题。然而，如果这个学生仍然偏离任务，那么进一步观察正在困扰学生的任务。它太难吗？太简单？太长？为你的学生做一些必要的改进，帮助他们成功地进行自主学习。

如果学生围着电脑打闹，就让他们离开电脑并给他们布置课堂作业去做（即使这样会影响到小组学习的正常进行，但是安全永远是首选）。接下来是一段关于课堂安全的促膝长谈。然后学生可以向班级其他成员写一封关于计算机安全的信或者创建关于计算机安全的课堂海报。

表13.3　低龄学生登录问题解决方案

如果一个K-1的学生一直不能登录怎么办	• 考虑使用句号或逗号标签 • 有些程序，密码在屏幕上显示为"*"。这样对一个学生们来说，他/她就可能输错密码。围绕这个话题制订一个计划 • 除了例行程序外，考虑如何教授/培养数字读写技能 • CTRL+ALT+Delete对K-1的学生来说可能是一件比较难的事情。设备上的软件设置是否要求年龄较小的学生在登录该设备时费劲地记住用户名和密码？为这个问题制订一个计划 • 制订一个计划，帮助K-1的学生找回他/她的用户名和密码 • 如果一个学生的用户名或者密码中有一个"l"——其中有小写字母"el"——确定他们知道它不是像键盘上看到的一个大写的"I"（发音eye） • 让年龄较小的学生在Word文档中练习输入他们的用户名和密码，这样老师可以看是否出现错误或者学生经常在何处出现错误

孩子是好奇的，在这一年的某个时段，学生很想试试如何以别人的身份登录计算机——不管是以另一个同学还是其他年级的兄弟姐妹的身份。所以，非常有必要和同学们解释教师会使用从电脑上得到的信息来做教学计划。任何虚假信息都可能导致老师的教学失误。考虑到计算机道德也是教育学生的重要部分，重视这个情况是很有必要的。

如果学生多次违反上述纪律，会导致失去使用计算机的权利。

并不是所有的不当行为都是错误的。阿斯拜尔泰坦学院的老师南

GO Blended!

茜·帕切科·桑切斯分享道：

我的班级是一个非常爱闲聊的班级，即使是上机也不能阻止他们。现在他们的情况已经有所好转，但是并没有完全达到我想要的效果。我经常纠正这种行为，但是因为我一直在导读桌的位置和没有上机的学生一起学习，所以很难听到他们在讨论什么。今天当我的一个学生做测试的时候，我增加了一些机动元素，那就是让她默读这本书，然

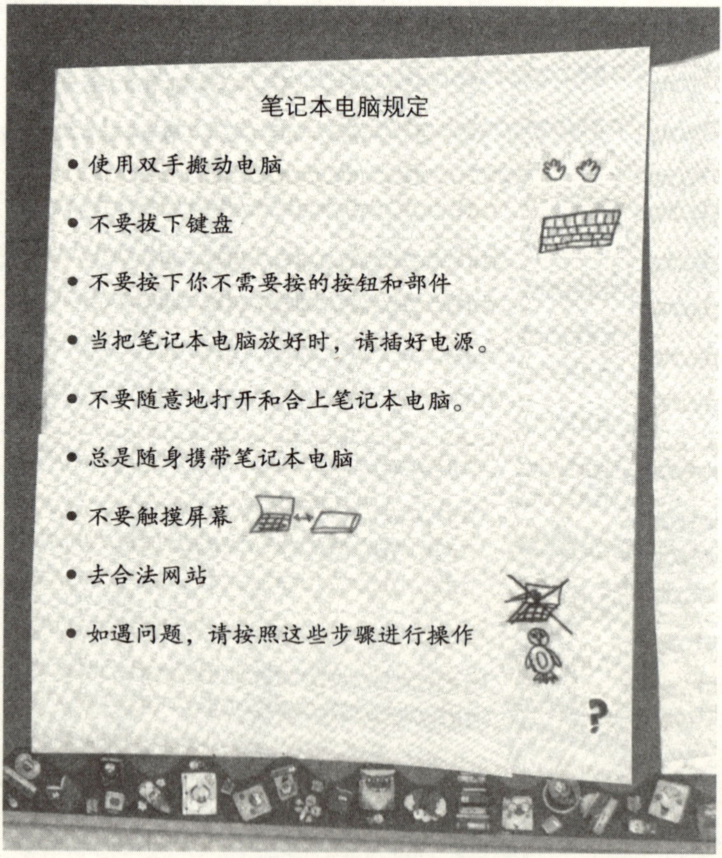

图13.10　学生计算机使用规定

后我四处走动监督上机学生。我发现，那些不断讨论的学生是在探讨他们在电脑上所学的内容。而且还有一个学生试着帮助另一个学生学习通过上下文寻找线索。他告诉同学："我上个星期学的。"那时我才意识到很多学生实际上是在尝试帮助其他同学，而不是像我想的那样在讨论其他无关的话题。我想我需要每天给他们留出一些时间，让他们有机会分享所学知识。不过挤出这个时间是挺难的一件事。

附录12中第2、3、4、7课讨论了学生的上机行为。

通过教学生变通的技巧来帮助他们在上机学习时管理他们的情绪。阿斯拜尔艾里斯学院之前的老师艾米·杨曼讲述了她和她的学生在这方面遇到的困难：

中学里每件事情都很困难，最麻烦的要数学生水平参差不齐。我有从三年级到八年级的读者，这些孩子中有的连信息都不会发，有的却精通技术。真的很难让每个人学习进度一致。我不得不教授大量的、浪费时间的课程："我怎样使计算机处于待机状态？我怎样从待机状态关闭计算机？我怎样重启？"此外，中学生的情绪是多变的——当有些东西不能正常运行或者在电脑上丢失了什么的时候，他们会产生很强的抵抗情绪。教会孩子们上机时灵活一点是非常非常困难的，但是又是非常重要的，而且也是他们上大学所需的必备技能。对六年级的学生来说，难度非常高。

与家长分享信息和愿景，让家长参与进来

混合式教学实施了一年后，教师开始寻找有效的方法，让家长参与到培养和保持学生的上机学习积极性的过程中来。阿斯拜尔泰坦学

院的马克·蒙特罗解释说："因为有些学生缺少积极性或者有时不明智地使用他们的计算机时间，我请家长参与进来并且分享我的期望，希望上机学习应该和我班级的其他工作一样严格。"他的同事劳尔·冈萨雷斯接着说："我们在获得家长的混合式教学认同感方面，已经取得了一个很大的胜利，因为我们已经提供学生在家连接软件的条件。现在，学生在家利用软件进行有目的性的阅读，而且通过家长监督保证实施。"蒙特罗接着说："混合式学习让家长和学生交流更多，让家庭生活和学校生活连接了起来。"

要充分考虑父母需要多少信息来支持他们在家的混合式学习。阿斯拜尔泰坦学院的读写专家林迪·布雷姆解释说：

> 我最近和一个家长交流了一下关于在整个夏天使用这个软件程序的事情，他问我："为什么这个阅读软件对我的女儿有帮助？她在英语语言艺术程序上能学到什么技能？"起初，我很吃惊想要反驳："因为它们很重要，这就是原因！"但是显然这不是正确的办法。所以当在给这个家长解释这两个程序时，让我好奇的是还有多少家长不知道他们的孩子每天超过一个小时上机学习的原因。这也让我想知道，他们需要更深入的了解吗？

从以上见解中我们已经看出和父母分享更多关于学生在电脑上做什么的信息的重要性。

成绩单提供了另一个向父母交流混合式学习成就的机会。劳尔·冈萨勒斯分享道：

> 随着发送成绩单时期的到来，我们打算给家长提供额外的一些信息。学生成绩单因学生使用的程序不同而形式各异，但是这个信息有

助于家长对他们的孩子有多方面的了解。有时我想家长可能会认为我们在成绩单上提供的信息是主观的，所以从软件上得到的数据就证明了成绩是基于他们上机学习的数据得到的。很多时候，那些分数是可以和他们的班级表现做比较的。我很高兴能够给家长提供尽可能多的关于他们的孩子在课堂上的成功以及需要提高的方面的信息。就像是有了另一个教师支持你的决定以及向家长提供的评论。

七个方法助力混合式教学

在学年开始，就向混合式教学助教寻求帮助，让他们支持你的工作。下面是一些可能对你有帮助的方法：

1. 主动去教授一些混合式学习例程。

2. 在耳机上贴上学生的名字。

3. 创建学生用户名和密码索引卡。

4. 创建电脑使用程序海报（登录、陷入困境怎么办等）。

5. 教给学生登录到软件会是什么样子的。用截图制作一个幻灯片展示。

6. 为学生的行为和进步创立激励制度并且把这些制度张贴在教室墙上。

7. 为出现断网的情况制订一个后备计划。

指定课堂技术协助人员

让学生参与到技术支持的一个方法就是设立课堂工作“技术帮助人员”来让一个学生去解决计算机上出现的问题。创建一套学生可以用来寻求帮助并使干扰最小化的信号。在火箭教育公司，他们称这些学生为“初级技术人员”，并且为他们提供一个指南。

制订详细计划，应对意外状况

我们已经得到了教训：当教师管理不足以强大到去成功运行混合式教学时（结果可能是给技术造成负面影响），在这样的班级实施混合式教学是毫无意义的。那么当老师不在，由一个代课老师来管理这个班级会是怎样情形呢？我们试着想象了那种情况，并且仔细观察了我们的课堂，以便发现可能存在的问题。正如所预料的那样，如果这个班级的例程足够规范，班级文化足够强大，那么任课老师不在也没关系。总的来说，让学生在一个代课老师的管理下，以同样的水平继续他们的混合式教学工作。阿斯拜尔艾里斯学院的前任老师分享道：

上个星期，我们迎来了自从混合式教学开始以来的第一个代课老师。我对是否让一个代课老师像平时一样来安排我们的轮换犹豫不决。我担心如果我不在，孩子们就不爱护设备或者不能正确使用技术。（我对我的班级和楼上教室心存恐惧，因为在这一天的课程里孩子们要多次移动计算机。）然而，这种情况会经常出现，所以我决定尝试一下。我写了一个非常详细的代课计划，写下了在计算机轮换过程中我对孩子们的指令，并且感谢可爱的朱莉，一切进行顺利。事实上，她说轮换安排表使得代课非常容易。像平常一样，我们的混合式教学助教也会在所有计算机转换过程中出现（如果可能的话），以帮助一切顺利进行。所以我学到的经验是：混合式教学 +（能胜任的）代课老师 = 神奇。

然而有时候，一个长期的代课教师不能一直维持由原教师制订的例程。在这些情况下，我们把计算机从教室中拿走，直到老师和课堂再次准备就绪，因为我们想使学生从教师那里和计算机中学到的知识最大化。

获取“徽章”

勇敢的发起者

- 确保教师在学生使用计算机学习之前，致力于教授例程。为教师应该利用多长时间来教授这些课程提供指导。
- 为学生遇到困境或技术出现故障这些情况制订计划。
- 战略性地利用混合式教学助教的支持。
- 创立学校范围的和基于班级的激励措施来提升学生的积极性。
- 寻找多种方法去吸引学生。
- 立即提出令人担忧的行为。
- 制订一个耳机使用计划。
- 让家长参与进来。

第 14 章

在错误中不断进步

我们已经从混合式教学中获得了许多经验，今后也将继续进步。有些经验是有针对性地适用于我们机构的，然而，大部分经验对所有人都适用，值得我们牢牢记住。因为混合式教学尚处于萌芽发展阶段，在开展过程中势必会犯一些错误。犯错并不是一件坏事，从错误中学习比起模棱两可的发展或不温不火的进步更有意义。

关键理念

接受在不断犯错和改错中进步的理念。

回顾这本书，我们不止一次地引导教师："我们也拿不准混合式教学是否真正适合我们，我们希望从成败中学到东西。"这种方式允许教师犯错，并且也减轻了第一次就得把事情做好的压力。混合式教学实施一年后的情形和目前应该是大不相同的，并且我确信两年之后，实施的效果与现在相比会有更大改观。在本章中，我们将会详细列举一些曾经犯过的较大错误，向大家提供解决办法，让大家不再因同样的问题困惑。此外，我们还列举了一些我们避免了的错误（希望大家也不会在上面栽跟头）。

我们犯过的十大错误集锦及解决办法

如下是我们在实施混合式教学之初犯过的十个较大的错误：

1. 将教学目的定位在实施混合式教学，而不是应用混合式教学来解决教学中的难题。

把握重点至关重要。最初，我们全部精力集中在“引领混合式教学”上，并且试图弄清楚这应该如何去做。一旦我们将重心转移到改变教学现状，提高学生成绩等方面，我们就意识到，我们的工作并不全是混合式教学，我们是要用混合式教学这种方式来支持更有效的教学。教师应把重点放在那些应用混合式教学可以解决的教学问题上。

2. 忽略了教师对软件使用期望值的管理。

我们相信技术的力量，但最初没有清晰地意识到软件市场尚属于一个年轻的市场，因此不能立刻满足客户的产品需求。我们假定标准管理软件能够教授所有标准。我们假定该软件可以实时做出改变，满足学生的所有需求。我们假定自己可以轻而易举地从软件中获取我们想要的和需要的学生的成绩报告。然而，我们的这些假设在现实中没有得到证实。有了对软件更理性的认识后，我们现在的程序是：首先询问软件开发商我们能从软件中得到什么，然后管理教师们对软件的期望值，如此一来，教师们就不再会对刚接触上机学习的学生产生过高的期望。当软件开发商告诉我们一项新的功能即将上市，我们也不会立刻告知教师，而是等到这种预期的功能真正实现后再告诉他们——但是，在很多情况下，这些功能是无法实现的。

3. 按报价购买软件。

最初我们不知道绝大多数商品并不是按照标价出售的，更不知道采购时可以议价，这就意味着我们花了许多冤枉钱。现在我们已经与意向公司建立了长期合作关系。我们会向同行打听他们购买软件时的费用，然后我们就疯狂砍价。我们现在所有的软件合同都已经在总公司获批，所以负责人不需要单枪匹马去砍价，我们会随时平衡区域内的价格。

4. 没有签订试行协议，也没有给教师发放奖金。

我们按照计划开展第一年的混合式教学试行工作，但是在第二年初，我们在试行的第一家学校开展混合式教学时，我们想当然地认为人人都能记得并坚持执行第一年设定的相关要素。我们没有充分考虑到这对那些没有参与试行工作的教师的影响，也没有向这些新加入教师传达信息。结果，我们不得不根据预期值重新校正教师们的执行情况，因此在这方面花费了大量时间。并且，我们在意识到教师们的表现并没有达到我们的预期时，感到非常挫败。现在，我们在试行前及在混合式教学培训时和所有的教师签订试行协议，这些教师既包括第一年试行的，也包括第二年试行的。我们给这些老师发放奖金，因为实施混合式教学在第一年会给教师增加许多额外工作。

5. 没有与我们的技术团队建立稳固的合作关系。

最初，我们把如何帮学校解决困难实施混合式教学以及排解在混合式教学实施过程的问题都交给技术团队处理。这种处理方式大大降低了效率，沟通渠道经常断裂，因为教师们将问题告知了技术人员，但没有告诉混合式教学建设团队，或者教师们把问题反馈给了混合式教学建设团队，还需要团队再转给技术人员，这让所有人都非常困惑。之前，我们将技术人员吸纳到建设团队中，技术人员负责提高混合式教学技术水平，团队则负责技术与教学的衔接等方面。现在，我们的建设团队和技术人员每两周召开一次交流会，确保每一方都能跟进另一方的进度，并对接下来几个月的进展做出预测。

6. 假定我们可以在几个月内就可以开展混合式教学。

完成任何事情都比我们预期所花的时间长，这包括：资金到位、动员负责人和教师开展混合式教学、技术人员同意技术支持并采购特定的设备、软件合同商谈、基础设施升级、设备运输、设备安装等。总之，所有的事情都比预计时间长。结果，由于没有达到所有人的预期值，我们给自己以及项目中的其他人造成了不必要的压力。例如，教师们想要并且已经准备好开始混合式教学，但是学生需用的电脑还未到位。在其中的一所学校里，因为设备不到位，教师们不得不在放学后挪动设备，而这些本应该是我们在学校放假时就给他们安排好了的。开展混合式教学需要团队合作，所以其中的某个决定会对其他决定的顺利实现有着直接的影响。现在，我们将混合式教学的准备时间定在了8-10个月，并且即使我们有剩余时间，我们也不着急着手开始去开展混合式教学。（详见附录5中的项目计划样本。）

7. 假定我们能够清晰地监控到学生在混合式学习方面的进展。

我经常跟第一年试行混合式教学的同事开玩笑说，如果数据显示学生们学习成绩下降，大家肯定会将此归咎于混合式教学。但是，如果数据显示学生们成绩提升了，那大家肯定会说“这有待考证”。我们得到的数据的确显示了在实施混合式教学的第一年中学生的成绩有了提升。唉！但是，随着我们对百万个数据点的分析，我们不能将软件应用与小组指导这两个影响因子区分开来。目前我们确定的是如果教师给予学生额外的小组定向辅导，数据显示学生的成绩会提升，并且，鼓励教师使用更多的小组指导的一个重要方式是将混合式教学融入他们的课堂授课中。我们不断地从不同的项目中抽取数据进行分析，我们确实取得了一些小的成功，例如数据显示学生进行混合式学习可以提升阅读能力，并且学生通过上机学习，可以非常好地掌握教师没有讲授的内容。然而，若明确表明混合式教学对于学习成绩的正向促进作用还需要进一步努力。

8. 假定（或许只是希望）**混合式教学可以弥补教师的日常课堂管理。**

混合式教学会放大课堂中发生的任何事情。如果一个教师对课堂管理不足，那么学生上机时情况会更糟。当学生们最初参与到应用技术应用时，混合式教学并不能承担起保姆或管理者的角色。我们还需要教师们进行紧凑的课堂设计和安排，并且明确告知学生们违反规则后会有什么后果，并且，我们可以通过突出学习任务，增强学习目的性等方式来提高学生的上机学习效果。

9. 最初没有将教学专家、教学指导等其他的学校领导加入到团队中。

我们的教育专家（特殊教育教师）、教学指导以及其他的教学专家在教学项目的实施及学生成绩评定等方面都有较大的影响力。最初，我们没有将其纳入到团队中，因为一方面我们不知道如何把他们加进来；另一方面我们担心会浪费他们的时间。现在我们将这些专家作为我们的合作伙伴，因此他们能从各自的职位角度出发去了解混合式教学，我们也能借鉴他们的专业知识来完善我们的项目。

10. 在开展混合式教学时没有更新所有的学校设施。

在我们开始第一批试点项目时，我们缺乏资金及技术以全方位更新现有的设施。我们最初以为这不会有什么大碍，从一定程度上讲，我们是取得了一些成就。但是，没有全面更新设施带来的许多负面影响，网络卡壳让教师对项目的信任大打折扣，同时，这也给技术团队造成了很大麻烦，因为他们不得不在故障排解上花费大量时间。现在，我们明白了一个道理，从工作时间和耗材两方面来看，部分更新设备比一劳永逸全面升级现有设施花费的成本更高。

我们避免的十大错误集锦及解决办法

我们在混合式教学实践过程中，避免了如下错误的发生，以供参考。

1. 没有按照预算开支。

如果没有按照预算进行开支，在后期可能需要做许多权衡，这将不利于计划的实施。认真核算之前及现有的开支，仔细记录劳务支出，将技术升级费用也纳入到预算中，分析哪些地方可以节省开支，仔细查看发票，并且务必按照预算进行开支，将所有的花销都用在解决教学问题上。

2. 没有向教师和校长提供明确的参数标准就开始试行混合式教学。

如果没有设置明确参数，就会在衡量哪些方面是进展顺利的，哪些方面需要调整等问题上花费很多时间，并且这样一来很有可能无法从试行中学到东西。签订试行计划，清楚列出各参数，明确规定哪些参数（如时间、日程、重点、支持或其他参数）是不可更改的。明确说明试行的目的，甚至在试行之前就告知所有的利益相关者。回答教师和校长们的问题。鼓励教师发挥创造力、创新力和自主性，但是应注意创新有时是一件既费时又费力的事情。

3. 以为只凭借小团队力量就可以组建混合式教学小组并实施计划。

混合式教学需要多个部门的支持和参与，主要有技术提升、技术操作、数据收集及分析、财务管理、特殊教育、技术指导等。让其他人参与进来，他们的工作随着你制订的混合式教学的决策而发生变化。因此，千万不要以为混合式教学是为他们设计的，他们只是工作中的合作伙伴。从你的团队中选出人作为项目的主导者，但项目主导者不应承担所有任务。

4. 没有仔细检查软件或服务的发票以避免潜在的问题或不符。

如果不仔细检查发票，可能就会当冤大头，这些多花的钱本可以更好地用在学生身上。我们必须非常认真地对待我们所花的每一分钱，所以我们应仔细检查每一张发票。如果发现有错误或没有按期交货，我们可以要求供应商退款或打折。

5. 采用“百花齐放”策略，四处进行多个试点。

若想从试点运行中获取经验，我们应设置参数标准，这样可以同时检测几个项目的运行情况。同时运行几个项目来检测效果是非常有益的，但是严格准确地执行试行计划需要做大量的工作。我们只有一次成功地做到了同时仔细监控和支持很多教室试行混合式教学。

6. 忽略了存档环节，使得每次试行都要做一些重复性工作。

有些工作，例如试行时间明细表的制订及混合式教学的讲授，都是一成不变的。虽然我们也承认有些工作会有些变动，但是鉴于团队规模小，我们必须尽可能地提高效率。我们以项目计划的形式制订了一个清单（详见附录5样本），方便每次开展工作时进行回顾和修订。我们的混合式教学助教通过撰写并存档实时通信的方式及时与教师们分享培训信息，教师也会在他们的博客上记录自己的心得体会。此外，我们也印发资料来广泛宣传我们的实践情况（例如，我们已将混合式教学实施指南纳入到此书中）。

7. 固步自封。

如果一味地孤立做事情，将不能博采众长，同时也就错过了接收外界评判性反馈的机会。我们进行了无数次的巡讲，向其他的教育者展示混合式教学在阿斯拜尔公立学校中的进展情况。听众提出的问题会让我们对现有的决定进行反思，更多情况下会让我们对混合式教学的信心更加坚定。教学要素公司为我们的混合式教学制作了一段精美的视频，已经公布在阿斯拜尔公立学校的学术网站上，网址是www.aspirepublicschools.org.

8. 低估了助教在学校建立混合式教学文化过程中的作用和影响。

如果不派人在每个学校驻点进行技术支持，单是技术问题就把我们搞垮了。（一想到第一年我们在驻点学校的那些日子就不寒而栗！）如果不及时提供必要的技术支持，教师们很快就会对技术投资失去信心。并且，经过一段时间后，我们意识到助教在教师如何看待技术应用问题上起到了关键作用。所以，要确保我们雇用的员工每天都能以一种积极的解决问题的心态工作（而不是一出问题就满腹牢骚）。

9. 让混合式教学的狂热拥护者作为试行教师。

有些教师对技术及在混合式教学课堂开展中的“领头羊”角色热情高涨，我把这些教师称为“魔灯教师”。那我就警告你不要让这些老师作为混合式教学的试行教师。在学校中，“魔灯教师”是技术应用方面的佼佼者，但是即使这些教师将技术应用到自己的课堂中，其他教师也会一无所获。“魔灯教师”对将技术与课堂结合起来毫无畏惧，但他们却没有意识到也不会体会到那些不擅长技术使用或开发的教师们的感受。“魔灯教师”对他人缺少耐心，或者喜欢乐此不彼地钻研课程计划外的东西，这会使得试行计划不尽如人意。当然并不是所有的技术高手都是“魔灯教师”，但你应意识到这些人在试行计划中的作用有利有弊。

10. 认为软件供应商会将教师的利益放在首位。

被闪亮的外表所迷惑而选择华而不实的设备以及娱乐性超强的软件对教学并不适用。软件销售代表不能兑现交易之前的全部承诺，一次次的食言只会让你伤心透顶。所以，做个现实主义者吧，将注意力集中在教学问题、教师和学生身上。

将迭代作为推行方式及生存之道

基石特许学校的首席执行官汤姆·威利斯认为：

因为我们还在探索阶段，所以没有事情是一成不变的。我建议我们应该集中精力去解决以下三件事情：（1）让学生更好地学习。如果不能提高学生的学习水平，那么再花哨的技术都毫无意义。（2）加快学习进程（每年的成长对缩小成绩差距至关重要）。（3）花费少（我们希望教学模式越来越有效，这样可以改善其他模式，如有可能，最终提升教师的收入）。

飞跃创新中学学习中心的克里斯·梁·维加拉这样说道："在每一项改革前，都应假设最初的努力及执行都会按照预定的标准非常好地执行。灵活、给参与者自主权是加速改革过程进展的重要因素。"

获取"徽章"

勇敢的发起者

• 允许犯错误，并从中汲取教训。

• 对其他人犯的错误多加小心，并吸取教训，这样你就不会犯同样的错误了。

• 在教师中逐渐渗透迭代观念，并且确保参数标准不变。

GO Blended!

结 语

混合式教学
让师生共同成长

当有人要求我在阿斯拜尔牵头开展组建工作时，我就吓了一跳。我认为自己既不是一名技术专家，也不是技术的拥护者，更不是一名技术通。我甚至不知道自己有多少东西还不了解。在我开展工作的第一年里，通过真正的研究学习后发现，有许多事情我是真不知道啊！里雷教育研究生院的诺曼·阿特金斯曾经对我说："我只是不明白，莉兹。你有丰富的6-12年级的教学经验。但是关于技术你却知之甚少，而且也没有任何该工作的经验或背景。你的上司要求你来开展这项工作，他们要么是慧眼识人，要么是运气很好！"我要告诉大家，如果你关心学生、学生的成绩和教师的可持续发展，并且愿意学习，不怕犯错误，那么你就可以从事该工作。

当发现使用技术帮助学生提高学习成绩的最佳方法时，为了我们的学生，成年人应该勇敢挑战未知的事物。我们的学生可能（或可能不）比我们更加精通技术，但是这并不是我们学不好技术的借口。在评价内容和观察校内学生与技术的结合上，教师是最有发言权的。每个学生都要学会利用技术来学习课程，而不仅仅局限于那些遇到了对技术有兴趣或是认为技术容易学的老师，因而有机会的幸运的学生。

不仅软件公司，其他公司都对此工作非常感兴趣并投入很大，而且在教育技术行业里当然可以赚到很多钱。但是学校领导和教师知道学生应该如何学习以及什么样的教学最有意义，而且我们就是那些应该开展并引领这项工作的人。我希望你认同，并愿意着手来做这项令人望而生畏但却非常重要的工作。

混合式教学之旅

一旦开始发生变化，教师就可以看到这项工作所取得的成果。塔林·蒂萨罗恩，是阿斯拜尔捷威学院三年级的教师，她解释道：

我们现在开展混合式教学已经超过一个月了，我可以诚实地说我很喜欢它。我乐于看见所有的学生在上机时，自主学习不同的技能和概念。由于我现在所教的数学是更小的班，所以我就可以更好地与更多的学生进行交流，尤其是那些通常在课上我不能够提供个体反馈的学生。有趣的是，因为现在所教的人数较少，就可以注意到之前在整个大班级中我没有注意的学生情况，因此我确信有了这些观察肯定会促进学生的学习。另外，现在我可以在小班课上接触到更多的学生，因为可以很容易地看到谁需要帮助或者谁需要更多的挑战，那么就可以逐个地给予帮助或增加挑战。实际上，在每次进行面授时，我可以和小组一起，帮助遇到问题的学生。从本质上讲，我的确很欣赏混合式教学，而且幸运的是，我的班级今年已经开始进行试点！因此，我是否笃信并热衷于此？那还用问。我会把它推荐给其他人吗？答案是百分百推荐。

即使是一开始拒绝这种改革的教师，他们也会在实施过程中开始看到其价值所在。卡罗琳娜·奥罗斯科也是一名来自阿斯拜尔捷威学院的三年级教师，她解释道：

对于在课堂上整合混合式教学，我感到有些厌倦。我还未看到混合式教学在课堂上如同我的方法一样有效，这使我心情很紧张。但是自从参观了阿斯拜尔泰坦学院的混合式教学课堂之后，我对开展混合式教学模式所产生的焦虑很快就消散了。那种焦虑很快就化成了一种兴奋和对于优秀项目的期待，我知道它将非常适合我的学生。

现在，我们已经全面实施混合式教学计划一个月左右，但是，感觉我们好像在课堂上开展了整整一年的混合式教学活动。令人感到惊奇的是，对于课时更改、新日程、登录和退出以及恼人的耳机，学生们的反应出奇的好。

到目前为止，我们还未大范围地利用数据，但是观察到的情况已经很让人觉得震撼。我有一些学生按照六年级数学水平学习，另外一些学生要做五年级阅读理解作业。我乐于看到学生有机会按照他们各自的水平进行差异化学习。对于可能还没有在自己年级水平的课程中成功过的那些学生来说，这真是非常宝贵的。我还有一些学生做一年级或二年级的阅读理解作业，但是他们会从混合式学习中品尝到胜利的快感。我迫不及待地想更深入地探究数据分析！

在数学课上，我只和12名学生一起学习（而班上的其他学生在上机），这种体验很棒。一天中，我最喜欢的时光就是坐在我学生的身边聆听并观察他们学习。我真的很感谢那些时光，我能够和更需要我一对一辅导的学生一起度过，因为，这些学生跟上课程是有困难的。这时我感觉自己是这个世界上真正成功的教师！

本章中不止一位教师强调这项工作对于我们每个人来说都是一段旅程。我希望这一旅程将会给你和你的学生提供一次非常广阔的学习机会。

混合式教学将往何处去

我经常被问这样一个问题："你认为5–10年之后混合式教学会是什么样子？"这是一个很难回答的问题，因为技术和使用技术的方法在不断地改变。我倾向于这样回答："我并不认为我们还能继续把我们所做的称为混合式教学。我想它将只是通往未来课堂的不可缺少的一部分。"想想看：我们所谈论的不是班级图书馆——它们只是课堂和教师阅读程序的无缝衔接部分。对于我来说，混合式教学本身并不是目的，而是通往未来课堂的一种途径而已。

我的混合式教学之旅

艾米，阿斯拜尔艾里斯学院独立开展该活动的六年级教师

十一月初，试点启动前

这是我的混合式教学经历真正开始的时候。在这一学年开始的几

个月里，我的确很努力地在我的课堂里寻找能真正进行差异化教学的方法。我把学生分成了阅读、写作和数学小组进行教学，但是感觉很勉强。我感觉好像学生与我会面的时间会让他们受益匪浅。但是，我一直感觉，好像我给学生布置的课堂作业没有意义，仅是为了让他们有事情做。我不断尝试去找到一些方法来和更多小组的学生会面，而不必让班级里剩下的学生忙于自学。

那时，莉兹告诉我这一理念，让学生使用互动性的电脑程序，该程序不仅能让学生全神贯注地投入其中，而且内容也有差异性。她承诺这些程序将定期对学生的学习进行评价，并且也会相应地对学习活动进行调整。这听起来似乎是太棒了。

在接下来的两周里，我亲自验证了许多不同的电脑程序。我能独自一人预先对这些程序进行试点，并且根据学生使用程序的效果，我把我的感受反馈给莉兹。尽管确定了适合我班使用的程序，但是我还是在努力进行日程安排。混合式教学打开了一扇我本以为是不可能实现的差异化教学的大门，但是，这就要求我们的日程安排和模式规划进行一次巨大的转变。在这一领域里，我几乎全靠一己之力。我考虑了很多不同的日程安排可选方案，并且最终确定了一个似乎对我班最有利的模式。我必须为更多的小组课程做计划，而且必须给学习者他们自己量身定做每次课程。这很具有挑战性，但更令人感觉兴奋。

十一月末，启动

十一月下旬到十二月上旬是我反复进行试验的几周。我尝试了一个日程安排，但发现其并不理想。我尝试了一个备课格式，但意识到它并不具有可持续性。我尝试了一个追踪方法，但意识到它将生活复杂化，以至于我无法应对。这几周我尝试尽可能地对指导我混合式教学的学者做到公开透明。我向他们解释，这对于我们班来说，是独特的系统，在这一系统里，电脑对我们来说，是主要的教学工具，而且我们需要有极大的灵活性，因为我们会经历“创新的痛苦”。我们共享令人沮丧的时刻，但是在这一过程中又学到了很多。

我教的六年级学生分成两大阵营。有些学生“技术高超”。这些学生能够自如地使用所提供的程序。他们能够高效地处理问题，并进行有效的自我管理。此外，还有第二阵营：这些学生是“技术的初学者”。因此，这些学生需要更多的指导，并且在整个使用程序的过程中要求很多视觉和听觉的提醒。我认识到宁可给学生提供过多的资源也不能太少。我给所有的学生提供了“电脑工具包”，透彻地分析常见的误解（如何让电脑进入休眠状态而不是把它关机，登录每个程序的步骤等）。

我们也必须在相关的电脑使用流程上面下功夫，以便确保不会把学习时间浪费在转换上。我们一遍又一遍地练习日常任务和流程，一直到堪称完美。对于每个程序的效果我们会给予自己的评价并把个人的感想记录下来。

我也很早就学会必须要有一个后备计划，以防技术失灵。我从停电而学生又没有准备其他活动的惨痛教训中学到了这一点。第二天，我给每个学生准备了一套题为“我的电脑无法运行”的复习用的活页练习题，期望学生如果不能解决技术问题，那么他们就可以立即做这套练习题。这提示了我和富鲁卡瓦女士（我们混合式教学的教学助教）有问题出现，即学生有了他们无法独自解决的问题。该策略也防止当问题出现时，学生会干扰我或其他学生。最终，在我们班级里找到一些技术水平堪称专家的学生，当“技术不好”的同学遇到问题时，他们能够给予支持来解决很多小的技术问题。

启动，十一月到五月

整个本学年的剩余阶段，我继续调整和重新评价了结构，使混合式教学能尽可能地高效。

一段时间之后，我越来越学会了如何战略性地使用数据。我学习了如何更好地读取并解读不同程序的数据。了解了这些，就能帮助我在开展混合式教学时，更好地理解学生为什么会犯错，并且使学生在利用软件程序学习时，能够对自己的学习更加负责。我开始教学生使用追踪器，使学生可以追踪自己一周里整个课程的进度。每一周，学生不仅能估计在每一个程序中花费了多少时间，而且能估计在指定的时间里学习了多少内容。

学生熟悉了常规与流程，我就可以安排每个学生的课程。到年底，在我的课堂上，就有26个不同的学生课程安排。我能够保证的是每个学生都能接受他们所需的、适合其水平的教学。这种差异化教学意味着我要花许多时间来研究小组数据，并且根据学生的理解情况，每天调整我的教学。这也意味着学生从我这里接受的是小组和计算机程序的差异化教学。学生接受小组写作指导、面授的阅读指导以及小组数学指导。学生在上机时，也会使用默读软件、写实文学的阅读软件以及差异化的数学学习软件。软件程序与小组活动都符合学生现有的水平，并且推动他们学业的进步，达到其需要达到的水平。

尽管这听起来很神奇，但是对于我来说，这也具有挑战性。相比过去，我现在要做更多战略性的规划，也比过去更经常地使用数据，并且更加依赖于不同的教学风格。我会定期地对学生的学习进行评价，我发现相比过去，学生的进步更快了。

对学生而言，无论是阅读水平、数学知识，还是写作技巧都得到大幅提升。而且，对于学习掉队的学生，我可以立刻专门对他们进行有针对性的教学，而不是在最后测试结束时再给予警告。随着全班学生自信心的提高，我感觉自己的教学导入和渗透式教学也有规律了。我不能说它比以前的工作量要少，但是我可以说，就学生成长而言，它的目标性更强、效率更高。

结 论

混合式教学肯定会推动我的成长，使我成为一名真正的教育者并给予我挑战，使我的教学直接针对学生学习的需要。学生会对他们的进步感到兴奋，也会乐于采用更加独立、专注的方式进行学习。我敢说：在我所教的中学生里，当多数的教学是以小组形式进行时，他们的行为显著不同：他们的学习压力减轻了，也不太在意自己的面子，同时课堂表现也很积极。我很兴奋可以就混合式教学模式这一主题与阿斯拜尔的其他教师进行更加密切的合作。我相信，无论有什么教学工具，年轻的教育者会越来越多地使用技术，而混合式教学模式每年将会不断地得到完善！

GO Blended!

附 录

1. 混合式教学分析员的工作职责
2. 混合式教学助教的工作职责
3. 创新性学习负责人的工作职责
4. 混合式教学试点协议样本
5. 项目计划样本
6. 火箭飞船课程评价说明
7. 教师自评：混合式教学准备情况
8. 年终教师调查问题清单
9. 学生混合式学习教室平面图样本
10. K–2年级混合式教学周计划表样本
11. 3–5年级混合式教学周计划表样本
12. 混合式教学课堂教案

GO Blended!

附录 1

混合式教学分析员的工作职责

简要概述

混合式教学分析员负责实施计划，完成混合式教学的全部工作，总结所得经验，并把这些经验融入到计划中，用于指导2013-2014学年的孟菲斯和加利福尼亚学校。理想人选应拥有丰富的教学经验和高效的管理能力。这对于具有开创精神、关注细节的人以及对混合式教学充满激情，迫切希望为之做些事情，进行一些改变，在学校设置混合式教学的示范点的人来说，也是一次难得的机遇。目前，该工作是一项专职工作，由专款资助，为期九个月，而且由于各种可能出现的原因，工作时间可能会延长。

基本工作职责

开发混合式教学实施体系以备今后的推广使用

- 为阿斯拜尔创建与混合式教学相关的资源数据库，涵盖产品、合约、评估以及通信录等信息资料。
- 为阿斯拜尔确定和提供混合式教学所需的技术工具、资源和人脉。
- 吸取经验教训，寻找恰当时机，在业内分享知识。
- 与阿斯拜尔其他团队合作，一起创建混合式教学工作流程方案。

帮助阿斯拜尔学校安排并成功实施混合式教学部署

- 对开展混合式教学的学校进行需求评估，以明确学校对技术的需求，其中包括带宽、设备、仪器、配置、监控、数据视觉化、技术培训和技术支持等需求。
- 与阿斯拜尔的技术团队通力合作，对新工具和新技术开展有效的推广。
- 负责管理全部设备、软件、辅助程序的采购工作；控制预算；管理会计系统。
- 与销售商合作，给需要帮助的混合式教学的学校提供在线的技术支持。
- 评估项目成果，并且找准机会进行不断改进。
- 满足学生和教育工作者的需求。
- 成为混合式教学方面的权威，运用专业知识，为阿斯拜尔团队成员提供支持。

帮助阿斯拜尔运作好混合式教学的内部和外部工作

• 建立My Aspire的数字学习空间，分享实时更新的资料、资源和信息。

• 与教师合作，获得混合式教学课堂的教学情况，并在阿斯拜尔内部和外部提供混合式教学的沟通渠道。

• 与阿斯拜尔的研发团队合作，提供方案提议，根据需要汇报。

组织关系

胜任这份工作需要有很好的解决问题的能力；很强的定量和定性的分析技能，包括跟踪预算并了解阿斯拜尔教育者所面临的挑战。此人需要与我们总部和学校里的各级员工紧密配合，同时与外部顾问和软件销售商有密切合作。

胜任条件

1. 必要的知识、技能和能力。

• 认可技术，有较强的学习新技术的能力。

• 可以在商界、教育界和技术领域建立良好的人脉关系。

• 具有良好的组织能力、时间管理能力和跟踪管理能力；有强烈的时间紧迫感；有较强的可以同时成功处理多个项目的能力以及独立工作的能力。

• 具有研究复杂问题的能力和开发符合成本效益的解决方案的能力；即使在不确定的情况下，也具有较强的分析问题的能力。

• 卓越的写作能力。

• 可以熟练地为遇到困难的各种技能层次的用户提供技术性支持。

• 热爱分析数据；具有敏锐的发现数据异常的能力以及具有推断这些异常可能导致什么样结果的能力；具有“既见树木又见森林”的能力，既可以在整体上掌控，又可以在细节上发现问题。

• 愿意记录，并能做到有效记录。

2. 最低学历水平：大学本科。

3. 工作经验：

• 拥有教育工作方面的经验，或拥有多年的教学经验，或拥有从事商业分析、解决方案支持、技术顾问服务或产品管理两年以上的工作经历。

• 熟悉混合式教学者优先考虑。

• 拥有在富有活力、高绩效工作环境工作过的经历。

GO Blended!

附录 2

混合式教学助教的工作职责

简要概述

阿斯拜尔公立学校联盟正在开展一系列的混合式教学试点，并且正在寻找既可担任教学助教，又可为试点提供技术支持和处理课堂问题的人员。对于对教学和教育技术感兴趣的人们来说，这无疑是一次千载难逢的机会，这些人愿意学习并积极地帮助教师，确保试点的成功。混合式教学助教按照每周五天工作日的工作方案，为至少六名教师提供帮助。我们希望把这些试点的经验和看法总结出来，并运用到其他的阿斯拜尔学校。

基本工作职责

为课堂体系/课堂教学过程提供支持，帮助管理学生课堂行为，确保所有学生专注于学习之中。

为教师在课堂使用技术提供支持，当学生上机时，监控学生的课堂行为，并根据需要进行基本技术操作（例如计算机重启）。

为阿斯拜尔的信息技术部门提供计算机安装和维护支持。

支持基于软件的评估，支持数据的收集和传播，并在必要时，提供方案改进的意见。

与阿斯拜尔团队成员合作，提高自身与他人教学水平，分享教学实践中好的做法。

辅助课堂上的教师，定时为学生和学生家庭提供学生的课堂活动表现和学生的进步信息。

支持充满正能量的校园文化，例如为全体学生打好读大学的基础；与高校和学术顾问合作，帮助学生提高学习成绩。

积极参加与试点相关的专业发展活动。

了解并支持阿斯拜尔公立学校的使命、愿景、情况、标准、学校政策和校务规则、业务规章、机密标准和道德行为准则。

按照要求和安排，履行其他相关的工作职责。

组织关系

听命于分管校长；与其他学校和阿斯拜尔教职员工密切合作；与外部顾问和销售商合作。

胜任条件

1. 必要的知识、技能和能力：

• 在软件和硬件方面，具有很强的能力。

• 在计算机问题方面，具有解决问题的能力；具有追根究底的工作作风，并且希望找到技术问题的根源。

• 有能力和意愿实施阿斯拜尔的教学指导原则和最佳实践方案。

• 有能力和意愿反思并改进。

• 了解孩子的认知发展和不同的学习风格。

• 具有良好的写作和口头沟通技巧；具有与同事、家长和团体合作的能力。

2. 最低学历水平：大学本科。

3. 工作经验：担任教师、见习教师或者教学助教一年以上的教学工作经历者优先考虑。

GO Blended!

GO Blended!

附录 3

创新性学习负责人的工作职责

简要概述

阿斯拜尔学校新兴的混合式教学模式的研究、设计和实施由创新性学习负责人领导。为了之后大规模开展，该负责人充当混合式教学试点的先锋，进行测试和模拟，为学生提供高质量、个性化的培养方案。

基本工作职责

• 综合研究混合式教学模式的有效性、内部的最优做法以及在设计和试验混合式教学模式时所面对的挑战，该教学模式符合阿斯拜尔的教学实践、理念和价值观，而且有助于提高学生的学习成绩。

• 计划并实施20××/20××学年的混合式教学试点；甄选试点的地点和教师人选，确定性能度量指标。

• 调查、甄选并通过混合式学校试点的要求，为大规模实施提供建议。

• 对混合式教学模式的可行性、短期和长期的成本效益进行经济方面的评估。

• 与多功能合作者开展合作，确保试点项目对技术的要求。

• 开发和开展针对教师、校长的培训项目，进行混合式教学模式的试点。

• 管理混合式教学模式的日常工作，处理实施过程中发生的问题和事宜。

• 对混合式教学模式的有效性进行评估，并在恰当的时机，把试点的经验运用到大规模混合式模式的实施规划中。

• 与校长、总部和外部顾问合作，共同完成战略目标。

• 了解并支持阿斯拜尔公立学校的使命、愿景、情况、标准、学校政策和校务规则、业务规章、机密标准和道德行为准则。

胜任条件

1. 必要的知识、技能和能力：

• 具有良好的课程开发和项目设计的能力。

• 具有丰富的绩效考核经验。

• 具有为学生和教学奉献的精神。

• 具有良好的沟通表达能力和人际交往技巧以及良好的写作能力，

写作思路清晰，并且有说服力。

• 具有良好的组织能力、项目管理能力和组建团队的能力。

• 可以在紧凑的工作时间内完成指定任务，有强烈的时间紧迫感；有较强的可以同时成功处理多个项目的能力。

• 可以领导多功能团队，并与团队协同工作。

• 具有开创精神。

• 了解并支持阿斯拜尔公立学校的使命、愿景、情况、标准、学校政策和校务规则、业务规章、机密标准和道德行为准则。

• 按照要求和安排，履行其他相关的工作职责。

2. 最低学历水平：

• 具有中等教育水平。

• 具有培养教师的经验。

3. 工作经验：

• 要求本科学历；教育学硕士或博士优先考虑。

• 拥有管理证书者优先考虑。

• 教学经验丰富的教师优先考虑。

• 有三年以上教授城市中小学生的全职教师优先考虑。

• 拥有七年以上的教学和管理经验。

4. 身体要求：这里对身体的要求是创新性学习负责人必须具备的，这样才能成功地完成基本工作职责。

• 站立、行走或弯腰、膝盖弯曲、下蹲、摸头顶、抓握、推拉。搬动、举起或搬起相当于30磅重量至肩膀高度。

• 重复使用双手（即很好的控制力、简单抓握和强力抓握）。

- 具备正常的深度感知力。
- 可以持续地坐着、行走或站立。
- 双手和十指可以灵活运用，在电脑键盘上进行操作，操作常规的办公设备，使用电话。
- 可以在使用或不使用助视器的情况下，看见和浏览电脑屏幕和印刷品。
- 可以分辨颜色。
- 可以阅读并理解规则、政策、标签和说明书。
- 可以听见并理解正常水平的演讲和电话通话。
- 口头交流，包括正常水平的语言表达能力和电话通话。

5. 工作环境：从事本工作，其环境特点是典型的办公室、课堂、学校场景。对于能够胜任本工作的残疾人可以适当通融。

- 在常规的办公室、机房、或教室环境下办公。
- 在室内和室外的环境下办公。
- 会接触到灰尘、油渍和化学洗涤剂。
- 在学校里会接触儿童和疾病。
- 在正常的工作日和办公时间，可能会在外工作，确保在工作的最后期限内完成。

GO Blended!

附录 4

混合式教学试点协议样本

我们兴奋地研究混合式教学融入课堂的意义。为了从试点中获得最大益处，阐明责任和义务，我们起草了协议，这份协议阐明了我们在试点中承担的责任和义务，可以确保试点的成功以及资助方符合我们的要求。我们现在正积极地寻求资金，升级试点的硬件和基础设备，如果事情顺利的话，我们将修改这个文件，体现技术升级后我们所承担的更多责任。以下是我们针对试点提出的具体问题：

- “课堂转换”模式能有助于教师更好地满足学生差异化的需求吗？
- 混龄小组如何才能高效地阅读和更好地阅读？
- 如何平衡基本模式中上机时间和教师面授时间？

GO

• “课堂转换”带来的班级人数的增长潜在原因是什么？多少学生会坚持下去？

• 为了教师很好地开展工作，“课堂转换”所需的培训、安排和过程是什么？

• 我们如何才能有效地帮助教师，整合基于计算机的教学数据或教师面授时的教学数据？

我们要做的事情	你要做的事情
为你的所有学生购买在线学习软件的授权，为你的每个教室购置11台计算机（六年级例外，该年级电脑和学生的比例已经是1∶1）。为学生提供“单点登录”功能，只要单击一下就可以登录每个程序。购买K–3年级课堂所需的计算机存储器和设备	如果使用不同方法，对学生进行组合和分配，那么幼儿园可以尝试使用混龄法，你就可以检验“早期读物”和“后期读物”程序如何。对于二三年级和六年级的学生可以运用基于中心教学和小组差异化教学取代独立学习时间和大部分的整组教学。在转换模式里，学生上机使用程序，学习数学和英语语言艺术课程每天不低于60分钟
提取软件“后端”数据到现有的阿斯拜尔数据系统。与数据整合团队和外部的销售商合作，确保你的数据可视化，以便更好地提高教学水平	创建、编写并分享你在课堂管理学生使用技术的常规和步骤
分析你的在线学习数据，找到趋势、模式、因素	使用在线数据，指导你的教学
提高学校区域网的带宽，升级设备技术（包括无线应用协议、路由器等）。为你课堂提供优先的信息技术支持和计算机安装服务	进行技术维护，与混合式教学团队交流出现的问题
作为一项阿斯拜尔的创新实践，展示你的课堂	给混合式教学团队成员提供后续的反馈，以便符合申报拨款的要求

我们要做的事情	你要做的事情
支持你进行教学创新，帮助你解决教学过程中遇到的问题	对试点范围的反馈和意见持有开放的态度，以便产生最佳的效果。参加必要的专业发展活动或培训
与资助方保持联系，在规定的时间里，向资助方报告所有情况	允许参观者参观试点，并且他们可以就试点和你当前的收获，提出与此有关的问题
为你的学校提供五次课堂教学指导	愿意承担风险，愿意改变，不断创新，以便找到支持个性化教学的最佳途径，并有动力去做
给你提供2000美元的津贴	整个学年可以坚持进行试点

GO Blended!

附录 5

项目计划样本

任务	负责人	截止日期	备注
给校长发送信息	首席学术官、混合式教学团队	12月15日	把问题发送给校长，与领导团队一起探讨关于开展混合式教学的可能性
与校长进行面谈	首席学术官、混合式教学团队	1月9日	判断是否对混合式教学感兴趣，以及是否准备好进行混合式教学
公布2013–2014学年进行试点学校的最终名单	首席学术官、混合式教学团队	1月10日	
公布学校的安排日程	混合式教学团队	1月11日	

（续表）

任务	负责人	截止日期	备注
与校长见面，沟通混合式教学计划、试点参数和预备程序/活动清单	混合式教学团队	1月11日	
与学校分享选择范围已被缩小的软件	混合式教学团队	1月16日	
与教学指导员见面，沟通混合式教学计划，并使他们参与进来	混合式教学团队	1月16日	
开始思考如何选择软件	校长、学校领导团队	1月16日	
最终确定教师试点课堂名单	校长	2月16日	只有最优秀的教师才会进行1年实践
与教师见面（包括学习专家），分享安排部署的时间线、混合式教学手册、试点协议、时间安排表、教学重点	混合式教学团队	2月21日	
校长与教师一起安排预备活动清单和计划	校长	2月21日	这一步对于校长来说很重要
最终确定第一年预算	混合式教学团队和财务	2月21日	
确定技术需求和电源要求	技术团队和设备团队	2月23日	
确保网络满足需要	技术团队	2月28日	确保采购和安装计划在启动日期前做好
盘点现有的设备	技术团队	2月28日	这些设备可以用于混合式教学吗
确定课堂所需计算机的订购量	混合式教学团队	3月5日	
公布混合式教学助教工作职责说明	混合式教学团队	5月5日	

GO

（续表）

任务	负责人	截止日期	备注
筛选混合式教学助教岗位的申请者	混合式教学团队	5月10日	
选择计算机设备	混合式教学团队	5月10日	
对混合式教学助教的候选人进行面试	校长、混合式教学团队	5月15日	
分析混合式教学设备使用的需求评估量表；确定所需桌椅数量	混合式教学团队	5月15日	
订购混合式教学课堂的设备	混合式教学团队	5月15日	送货时间可以是6–8周，另外，需要组装和安装的时间
必要时，订购计算机和额外的网络设备	技术团队	5月15日	确保计算机准时送达，留时间开箱、拼装、安装软件
选择下学年所用的软件	混合式教学团队	6月1日	
聘请混合式教学助教	校长	6月5日	在开学前，设置开始日期
洽谈新软件合同	混合式教学团队	6月10日	
预订夏季末的软件培训	混合式教学团队	6月15日	
（如果需要）对计算机进行图像处理	技术团队	7月1日	
起草混合式转换教学计划	教学指导员	7月1日	
订购头戴式耳机	混合式教学团队	7月1日	每名学生一副耳机，另外，有额外备用的耳机
安排周末学校	校长	7月15日	

（续表）

任务	负责人	截止日期	备注
安装课堂设备	办公室主管、学校设施人员	7月20日	为教师提供干净的房间和保证桌子的空间
升级基础设备	技术团队	8月1日	
（Power Schools转换之后）提供全部的软件说明	混合式教学团队	8月1日	
挑选混合式教学助教	混合式教学团队	8月4日	
进行软件培训（需要两天半时间）	混合式教学团队和软件供应商	8月6日	
为教师和教育专家提供混合式学习手册的培训	混合式教学团队（内部培训师）	8月6日	
收集软件培训反馈	混合式教学团队	8月6日	
把博客信息发送给混合式教学教师，这样他们可以开始写博客	混合式教学团队	8月6日	提醒教师，他们至少一个月更新一次博客
与混合式教学助教分享课堂激励	混合式教学团队	8月6日	
开学第一天	教师	8月12日	
开始教授混合式学习课程	教师	8月18日	
教师开始上机和下机的教学活动	教师	8月18日	
检查第一年预算	混合式教学团队和财务	9月1日	
在所有教室，混合式教学助教安装凳子和耳机	混合式教学助教	9月6日	
（最初时）开机	（准备就绪的）教师	9月9日	
做好混合式教学课堂启动准备	指导员和校长	9月9日	

（续表）

任务	负责人	截止日期	备注
（根据准备情况）安装电脑	技术团队或混合式学习教学助教	9月9日	
一旦计算机安装在教室里，进行（最初时）诊断	教师	9月9日	
混合式教学助教协助教师收集数据；规定两周一次分享软件数据	混合式教学助教	9月15日	
混合式教学团队与校长会面探讨混合式教学进展情况；规定两周检查一次混合式教学进展情况，并确定混合式教学的主体	混合式教学团队	9月25日	
提取数据，检查进展情况	混合式教学团队	9月25日	
继续监控数据，调整程序	混合式教学团队和混合式教学助教	10月25日	
（如果需要）参加后续培训	教师	11月9日	
继续监控数据，调整程序	混合式教学团队和混合式教学助教	11月25日	
进行再次诊断，补充内容	教师	12月15日	
继续监控数据，调整程序	混合式教学团队和混合式教学助教	12月20日	
分析第二次诊断数据	校长、混合式教学团队	1月5日	
检查第一年预算，确定第二年预算	混合式教学团队和财务	2月1日	
继续监控数据，调整程序	混合式教学团队和混合式教学助教	2月25日	
开始计划夏季培训：确定日期，与销售商达成初步日程安排	混合式教学团队	3月1日	

（续表）

任务	负责人	截止日期	备注
继续监控数据，调整程序	混合式教学团队和混合式教学助教	3月25日	
对教师的试点调查进行评估	混合式教学团队	5月25日	
进行最终诊断，计算增长率	教师	5月25日	
完成试点的评估调查	教师	6月1日	
分析试点调查数据并分享出来	混合式教学团队和校长	6月22日	
分析最终诊断数据	混合式教学团队和校长	6月1日	
如果调查数据和成绩数据显示有必要调整软件，那么选择新软件	混合式教学团队	6月15日	
给教师支付津贴(主要的预算)	校长	6月10日	
（如果需要）安排下一年新培训，并为教师回归进行后续的培训	混合式教学团队	6月15日	

GO Blended!

附录 6

火箭飞船课程评价说明

必备条件
内容必须具备可适性或可分配性（两者皆具备最为理想；详见如下说明）
• 网页，无须本地服务器
• 能够供120个用户同时使用，传输速率高于标准1Mbps（兆比特每秒）
• 学生无须教师监督即可独自操作
• 无须额外材料或手册
• 系统可以通过如下方式跟踪每位学生的学习进展情况：
★ 课程完成情况
★ 对每个细分标准的掌握程度
★ 准确性
★ 学习时长

必备条件
• 如果学生完成了某一布置的课程或通过了某一标准，系统会继续向学生提供其他学习内容
• 兼容Chrome浏览器
必要增强项
• 匹配性：与“国家标准”在细分标准层面上相匹配
• API（应用程序接口）：能够全面采用火箭飞船教师仪表板API：
★ 单用户登录
★ 自动账户配置
★ 与教师仪表板进行数据集成
★ 通过网络服务API经由教师仪表板发出可分配任务内容（要求管理员能够对“国家标准”的各细分标准进行定位）

		未达标	部分达标	达标/超标
加权决策标准项	权重	0	（1–2）	（3–4）
• 匹配性及内容覆盖面：学习内容、主题或等级不少于100小时（事实强化或其他目标技能训练项目除外）。内容要与“国家标准”在细分标准层面上相匹配				
• 评估：按照等级进行前评估或后评估，以掌握学生的进步情况是否具备学习后续单元内容的能力。独立评估用以核查学生对学习内容的掌握程度				
• 可适性：系统确保学生目前的授课等级应在细分标准限定的范围内，并调整授课内容使之与当前水平相适应				
• 可分配性：管理员可以自动、有效地干预、控制学习内容分配				

		未达标	部分达标	达标/超标
加权决策标准项	权重	0	（1–2）	（3–4）
• API和数据集成——在账户管理和理论数据方面完全采用火箭飞船教师仪表板API				
• 课程：教学设计经过研究考证，且在现场测试时可以展示学生学习成果				
• 课程：系统可以通过多种教学方式教授并可以反复教授概念内容				
• 参与度：在学生展示学习成果时，通过内置激励机制（游戏、奖励等）来激励学生				
• 成本：总费用按百元或学生总在线学习课程预算计（一般情况下，核心课程15–30美元，可选择练习课程10–15美元，如打字等个人技能熟练项目5–10美元）				
• 领袖培训师模式——向ILS人员提供一次性培训				
预选总分（最高分140分）				

		未达标	部分达标	达标/超标
试行阶段认证	权重	0	（1–2）	（3–4）
• 评估和结果——用火箭飞铲的细分标准评估发现学生学习取得了显著成效				
• 确认可适性——系统根据学生的错误实时调整、更改课程内容以适应学生个人水平				

		未达标	部分达标	达标/超标
试行阶段认证	权重	0	（1–2）	（3–4）
• 确认可分配性——系统允许用户在细分标准要求范围内分配学习内容，更改学习范围，进行学习内容排序				
• 学生易用性——学生浏览操作方便，操作指示容易理解				
• 管理员监督：协调员管理项目和帮助学生学习时操作简单				
• 参与度/广度——课程能够持续使用，无中断或脱离现象发生				
• 支持性——通过电话或电子邮件可以联系到支持团队，并得到迅速、有礼貌、高效的答复				
试行认证总分（最高分112分）				

GO Blended!

附录 7

教师自评：混合式教学准备情况

为了能够在课堂上顺利推行混合式教学，要确保教学、行为、数据驱动等要素到位。参照本文件，和你的教学指导一起核查课堂准备情况。

教学要素	描述	后续计划或目标
• 学生知道有拓展任务，他们应在无人监督的情况下完成。即，他们应百分之百地独立完成（时长约25–30分钟） 例如：在数学微课堂中，学生独立完成其任务后会取出他们的抽认卡独自练习，而不去打扰其他同学	列出或描述学生的行为： 英语语言艺术课： 数学课：	• 与教学指导商议如何培养学生独立性 • 着重培养学生独立性 • 请求教学指导观察学生独立操作情况

行为要素	描述	后续计划或目标
• 实施行为管理系统，积极支持学生行为 • 已经向学生传授上机学习的步骤，学生的行为显示他们已经掌握 例如：教师示意让某个学生走到反馈桌前，该学生毫无疑义地如是做了	行为管理系统 • 在班上进行展示 • 有效使用，没有打断教学流程 • 有助于建立积极的课堂文化	• 与教学指导商议如何使用行为管理系统与课堂无缝对接 • 着重培养学生的认同性 • 向教学指导寻求帮助
数据使用	**描述**	**后续计划或目标**
• 教师非常清楚如何依据数据（或行为方面或学业方面）对学生进行分组	清楚地告知学生你将根据数据对学生进行分组	• 与教学指导商议如何使用数据 • 与教学指导一起，依据数据对学生进行分组

GO Blended!

附录 8

年终教师调查问题清单

混合式教学常识性问题

1. 我非常高兴我们学校能够采用混合式教学模式。

a. 非常不同意　　b. 不同意

c. 不确定　　d. 同意

e. 非常同意

2. 较之未采用混合式教学模式时，采用混合式教学模式后，学生的学习取得了更大的成效。

a. 非常不同意　　b. 不同意

c. 不确定　　d. 同意

e. 非常同意

3. 混合式教学为“国家标准”的推行提供了有效的支持。

a. 非常不同意 b. 不同意

c. 不确定 d. 同意

e. 非常同意

4. 混合式教学模式提高了教学工作的可持续性。

a. 非常不同意 b. 不同意

c. 不确定 d. 同意

e. 非常同意

5. 从软件程序中得到的数据有助于做出更明智的决策。

a. 非常不同意 b. 不同意

c. 不确定 d. 同意

e. 非常同意

6. 我的学生在上机学习过程中参与度高。

a. 非常不同意 b. 不同意

c. 不确定 d. 同意

e. 非常同意

7. 明年我将继续在我的课堂中开展混合式教学。

a. 非常不同意 b. 不同意

c. 不确定 d. 同意

e. 非常同意

8. 我认为我有能力在课堂上开展混合式教学（操作软件程序）。

a. 非常不同意　　b. 不同意

c. 不确定　　d. 同意

e. 非常同意

9. 我认为在课堂中开展混合式教学时，我的混合式教学助教给了我充分的支持。

a. 非常不同意　　b. 不同意

c. 不确定　　d. 同意

e. 非常同意

10. 你认为你的混合式教学助教、校长、教务部还可以在哪些方面向你提供帮助？（开放式问题）

11. 较之未采用混合式教学模式时，我在课堂中增加了小组活动。

a. 非常不同意　　b. 不同意

c. 不确定　　d. 同意

e. 非常同意

12. 让学生上机学习英语语言艺术和数学课程30分钟非常具有挑战性。

a. 非常不同意　　b. 不同意

c. 不确定　　d. 同意

e. 非常同意

13. 评论？问题？成就？挑战？其他反馈？（开放式问题）

软件相关问题

14. 数学课上你使用何种软件（下拉菜单）。
15. 请根据如下标准对上题中所选的软件进行排序：

    学生参与度（1–10）

    内容质量（1–10）

16. 英语语言艺术课上你使用何种软件（下拉菜单）。
17. 请根据如下标准对上题中所选的软件进行排序：

    学生参与度（1–10）

    内容质量（1–10）

18. 阅读课上你使用何种软件（下拉菜单）。
19. 请根据如下标准对上题中所选的软件进行排序：

    学生参与度（1–10）

    内容质量（1–10）

20. 你还有其他信息与我们分享吗？（开放式问题）

GO Blended!

附录 9

学生混合式学习教室平面图样本

方案一

玻璃墙——4张用于混合式学习长桌需要占据约20英尺墙面

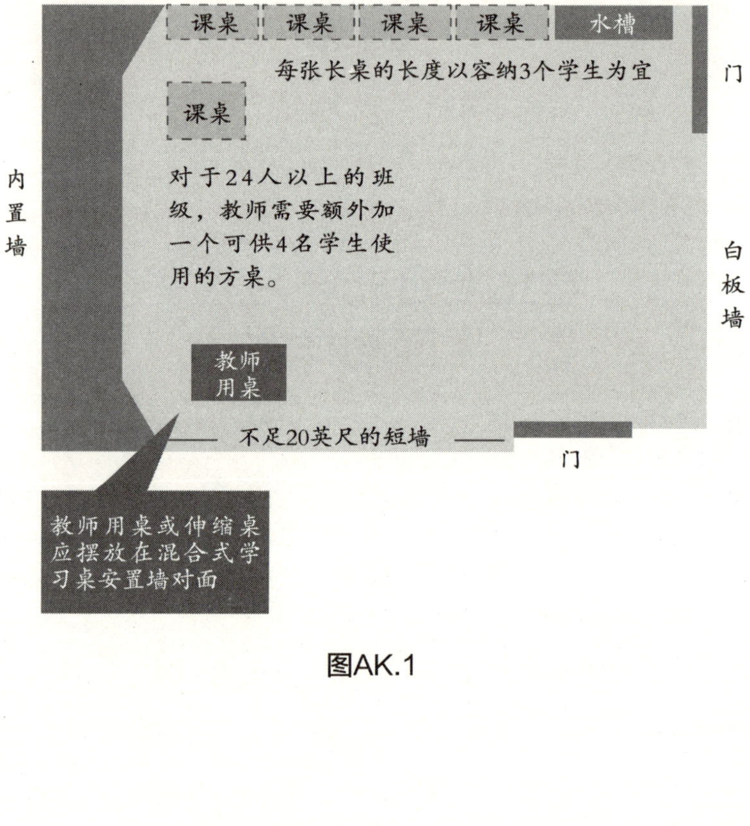

图AK.1

方案二

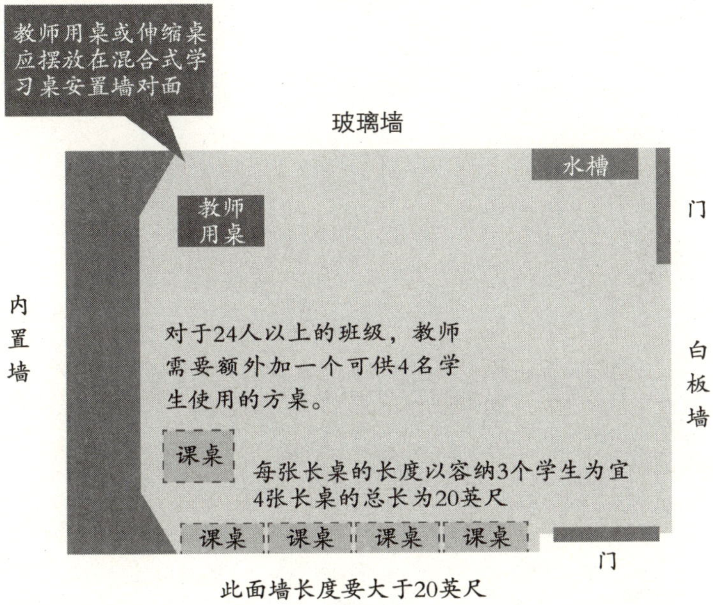
教师用桌或伸缩桌应摆放在混合式学习桌安置墙对面
玻璃墙
水槽
门
教师用桌
内置墙
对于24人以上的班级，教师需要额外加一个可供4名学生使用的方桌。
白板墙
课桌
每张长桌的长度以容纳3个学生为宜
4张长桌的总长为20英尺
课桌
课桌
课桌
课桌
门
此面墙长度要大于20英尺

图AK.2

GO Blended!

附录 10

K-2年级
混合式教学周计划表样本

科学教师的混合式教学计划表（K-2）

星期一		星期二		星期三		星期四		星期五	
8:00–8:20	自主阅读/硬件检查（20分钟）	8:00–8:20	自主阅读/硬件检查（20分钟）	8:00	预习（45分钟）	8:00–8:20	自主阅读/硬件检查（20分钟）	8:00–8:20	自主阅读/硬件检查（20分钟）
8:20–8:35	晨会（15分钟）	8:20–8:35	晨会（15分钟）			8:20–8:35	晨会（15分钟）	8:20–8:35	晨会（15分钟）
8:35–9:05	历法 数学 事实熟练 数字 字符串 （30分钟）	8:35–9:05	历法 数学 事实熟练 数字 字符串 （30分钟）	8:45–9:00	自主阅读/硬件检查（15分钟）	8:35–9:05	历法 数学 事实熟练 数字 字符串 （30分钟）	8:35–9:15	数学应用题（40分钟）
9:05–9:35	数学课—第一组（30分钟）	9:05–9:35	数学课—第一组（30分钟）			9:05–9:35	数学课—第一组（30分钟）		
9:40–10:10	数学课—第二组（30分钟）	9:40–10:10	数学课—第二组（30分钟）	9:00–9:10	晨会（10分钟）	9:40–10:10	数学课—第二组（30分钟）		

星期一		星期二		星期三		星期四		星期五	
10:10–10:20	数学课结/自主练习（10分钟）	10:10–10:25	数学课结/自主练习（10分钟）	9:10–9:40	历法 数学 事实熟练 数字 字符串（30分钟）	10:10–10:15	数学课结/自主练习（10分钟）	9:15–10:00	作家工作室（45分钟）
10:20–11:00	字母拼读（40分钟）	10:30	预习/科学	9:40–10:10	数学课—第一组（30分钟）	10:15–11:00	字母拼读（45分钟）	10:00–10:50	内容拓展（50分钟）
11:00–11:15	内容指导（15分钟）			10:15–10:45	数学课—第二组（30分钟）	11:00–11:15	作家工作室（15分钟）	10:50–11:00	整理（10分钟）
				10:45–10:55	数学课结/自主练习（10分钟）			11:00	午餐
				10:55–11:15	字母拼读（20分钟）				
11:15	午餐/休息	11:15	午餐	11:15	午餐	11:15	午餐	11:15	预习/科学

星期一		星期二		星期三		星期四		星期五	
12:00–12:15	内容指导（15分钟）	12:00–12:45	字母拼读（45分钟）	12:00–12:25	字母拼读（25分钟）	12:00–12:30	作家工作坊（30分钟）	12:00	放学
12:15–12:45	内容拓展—第一组（30分钟）	12:45–1:15	内容指导（30分钟）			12:30–1:00	内容指导（30分钟）		
12:45–1:15	内容拓展—第二组（30分钟）			12:25–1:05	作家工作坊（40分钟）				
1:15–1:45	作家工作坊（30分钟）	1:15–1:45	内容拓展—第一组（30分钟）	1:05–1:45	授课（40分钟）	1:00	预习		
1:45	休息	1:45	休息	1:45	休息	1:45	休息		
2:00	作家工作坊（15分钟）	2:00–2:30	内容拓展—第二组（30分钟）	2:00–2:30	内容拓展—第一组（30分钟）	2:00–2:30	内容拓展—第一组（30分钟）		
2:15	整理								
2:30	预习	2:30	作家工作坊（30分钟）	2:30–3:00	内容拓展—第二组（30分钟）	2:30–3:00	内容拓展—第二组（30分钟）		
		3:00	整理（10分钟）	3:00	整理（10分钟）	3:00	整理（10分钟）		
3:10	放学	3:10	放学	3:10	放学	3:10	放学		

GO Blended!

附录 11

3-5年级 混合式教学周计划表样本

科学教师的混合式教学计划表（3–5年级）

星期一	星期二	星期三	星期四	星期五
7:55–8:05（15分钟）晨会/社交技能	7:55–8:05（10分钟）开箱/检查硬件/日程	7:55–8:05（15分钟）晨会/社交技能	7:55–8:05（10分钟）开箱/检查硬件/日程	7:55–8:55（60分钟）开箱/会议
8:05–8:15（10分钟）检查硬件/日程	8:05–8:30（25分钟）事实熟悉（5分钟）数字讨论（10分钟）每日复习（10分钟）	8:05–8:15（10分钟）检查硬件/日程	8:05–8:30（25分钟）事实熟悉（5分钟）数字讨论（10分钟）每日复习（10分钟）	8:55–9:10（15分钟）硬件检查/日程
9:50–10:00（10分钟）事实熟悉		9:50–10:00（10分钟）事实熟悉		
8:30–9:15（45分钟）预习	8:30–9:15（45分钟）科学	8:30–9:15（45分钟）体育	8:30–9:15（45分钟）科学	
9:15–10:00（45分钟）作家工作坊	9:15–9:45（30分钟）自主阅读/数字化预读	9:15–10:00（45分钟）作家工作坊	9:15–9:45（30分钟）自主阅读/数字化预读	9:10–9:20 休息 9:20–10:20（60分钟）英语语言艺术
	9:45–10:00（15分钟）语法/对话		9:45–10:00（15分钟）语法/对话	10:20–11:00（40分钟）数学表现性任务
10:00–10:20 休息	10:00–10:20 休息	10:00–10:20 休息	10:00–10:20 休息	11:00–11:30 午餐

10:25–10:55（30分钟） 数学微课堂—第一组	10:25–10:55（30分钟） 数学—第一组	10:25–10:55（30分钟） 数学微课堂—第一组	10:25–10:55（30分钟） 数学—第一组	11:30–11:50（20分钟） 数学表现性任务
11:00–11:30（30分钟） 数学微课堂—第二组	11:00–11:30（30分钟） 数学—第二组	11:00–11:30（30分钟） 数学微课堂—第二组	11:00–11:30（30分钟） 数学—第二组	
11:30–11:45（15分钟） 数学自主练习/结束	11:30–11:45（15分钟） 数学自主练习/结束	11:30–11:45（15分钟） 数学自主练习/结束	11:30–11:45（15分钟） 数学自主练习/结束	
11:45–12:10（30分钟） 自主阅读	11:45–12:05（20分钟） 作家工作坊	11:45–12:10（30分钟） 自主阅读	11:45–12:05（20分钟） 作家工作坊	
12:10–12:45 午餐	12:10–12:45 午餐	12:10–12:45 午餐	12:10–12:45 午餐	
12:45–1:15（30分钟） 授课	12:45–1:15（25分钟） 作家工作坊	12:45–1:15（30分钟） 授课	12:45–1:15（25分钟） 作家工作坊	11:50–12:50（60分钟） 循环提问/评估
1:15–1:45（30分钟） 内容工作坊—第一组	1:15–1:35（20分钟） 授课	1:15–1:45（30分钟） 内容工作坊—第一组	1:15–1:35（20分钟） 授课	
1:45–2:15（30分钟） 内容工作坊—第二组	1:35–2:05（30分钟） 内容工作坊—第一组	1:45–2:15（30分钟） 内容工作坊—第二组	1:35–2:05（30分钟） 内容工作坊—第一组	
2:15–2:35（20分钟） 字符串&每日复习	2:05–2:35（30分钟） 内容工作坊—第二组	2:15–2:35（20分钟） 字符串&每日复习	2:05–2:35（30分钟） 内容工作坊—第二组	
2:40 放学	2:40 放学	2:40 放学	2:40 放学	1:00 放学

GO
Blended!

附录 12

混合式教学课堂教案

1. 工作站地点	2. 工作站音量水平
3. 纠正上机行为	4. 纠正在工作站的行为
5. 工作站的必要材料	6. 安静、高效轮换
7. 机房礼仪	8. 轮换准备工作
9. 保持上机舒适度	10. 保养电脑，第一部分
11. 保养电脑，第二部分	12. 纠正键盘使用姿势
13. 使用触控板或鼠标	14. 登录
15. 退出	16. 电脑加载时间
17. 电脑登录故障分析	18. 关闭程序并再次登录
19. 电脑出现问题时应对策略	20. 调节音量
21. 耳机操作	

GO Blended!

第1课	每个工作站都位于教室的合适位置
目的	学生应当在教室里指定的工作站学习，如果地点不对，在教师提醒下，自己找到正确的位置
材料	记录纸（并有桌子，准备好用于学习的计算机），绿色记号笔，红色记号笔
时间	7–10分钟
教师展示的程序	“我画一幅咱们教室的地图，这样，根据自己的工作站，大家就可以找到自己学习的位置。看这里（指向教室的计算机墙，然后指向记录纸上的计算机墙），这里是计算机工作站。我用红色标注出来（红色代表音量水平为0，即静音）。这是计算机工作站指定的工作区。” “谁允许在计算机工作区？” “计算机工作区在哪里？” “下一个工作站是自我阅读区。（指向教室里的自我阅读区，然后在教室地图上找到自我阅读区）我也用红色标注出来（红色代表音量水平为0，即静音）。允许在自我阅读区学习的学生是指派到那个区的学生。” “谁允许我在自我阅读区？” “自我阅读工作区在哪里？” “下一个工作区是伙伴阅读区。（指向教室里的伙伴阅读区，然后在教室地图上找到伙伴阅读区）”我用绿色标注出来（绿色代表音量水平为1，可有较小的声音）。你只有被指派到伙伴阅读区，才允许在伙伴阅读区学习。” “谁允许在伙伴阅读区？” “伙伴阅读工作站在哪里？” “最后一个工作站是单词/写作工作站。（指向教室里的单词/写作工作区，然后在教室地图上找到单词/写作工作区）我也用绿色标注出来（绿色代表音量水平为1，可有较小的声音）。你只有被指派到单词/写作工作区，才允许在单词/写作工作区学习。” “谁允许在单词/写作工作区？”
学生展示	请一位学生示范，走到计算机工作站；请一位学生示范，走到自我阅读工作站；请一位学生示范，走到伙伴阅读工作站；请一位学生示范，走到单词/写作工作站。单个学生示范后，请坐在同一排的学生一起示范到某个特定工作站。轮流实践。
课时	2节课，或者直到熟练掌握

第2课	工作站音量控制
目的	学生应当根据教室里指定的工作站环境，注意说话声音
材料	计算机区域音量提示贴，PPT
时间	5-7分钟
教师展示的程序	“在工作站，我们应该将音量控制在多少？” “音量水平为1是多大的声音？” “在工作站将音量水平保持在1为什么非常重要？” 让学生展示一下，在工作站工作时，说话的声音多大属于音量水平为1。 “你认为，大家用计算机学习时，音量应当控制在几级？” “计算机区域的音量应当为0。（用PPT展示一下）这个需要音量在0，这样你才能避免打扰附近的其他学生用计算机学习。这不是伙伴阅读区，那里的工作与这里的不同。所以，你不能讲话。” “让我展示一下我在计算机站的声音大小。” 走到后排，静静地在一台计算机旁边坐下，音量为0。 “当我在计算机旁边坐着时，我的声音范围是多少？”（音量水平为0） 在计算机站工作区的墙上，贴上“计算机工作站”的招贴。
学生展示	请几位学生示范一下，在计算机工作站，什么情况属于音量水平为0。 “我们的朋友发出的声音是多大？” “在计算机工作站，我们应当保持多大的声音？” 提醒学生，在其他工作站，音量水平是1。
课时	1节课，或者直到熟练掌握

第3课	操作计算机的正确姿势及动作
目的	学生在使用计算机时，姿势及动作应当正确（在座位上坐直，眼睛看着自己的计算机，手打字的姿势，使用耳机的姿势，将音量水平控制在0等）
材料	招贴，PPT，耳机
时间	7-10分钟
教师展示的程序	“在计算机工作站，关于音量控制，我们上节课学到了什么？为什么音量水平应为0，即静音？” （因为这样每个人都能集中精力学习） “昨天，我们学习了，在计算机工作站，我们的音量水平应为0。今天我们学习操作计算机的正确姿势及动作。当你在计算机工作站时，你应当坐在座位上。你的屁股应当坐在椅子上，双脚应当触地，或者接近触地。”

（续表）

第3课	操作计算机的正确姿势及动作
	示范一下。 “你的眼睛和双手也应当关注自己的计算机。你不应当触碰其他同学的计算机，也不应当看其他同学在干什么。” “你的眼睛和手应当关注谁的计算机？”（你自己的计算机） 用你的手提电脑示范这个动作。 “为什么你的眼睛和手关注自己的计算机非常重要？” 下一件应当记住的事情是：总是把耳机戴上。 示范一下戴耳机。注意一下耳机线。 “耳机在学生的书包里，书包上面有自己的名字。” “你听到的声音是多大？”（静音） 再次复习一下这三个规则。 示范一下：你故意坐得姿势不对，让学生纠正你的姿势，参考昨天的招贴标语，或者展示一下PPT。
学生展示	请几位学生使用教室里的计算机，向学生示范一下使用计算机的正确姿势和动作。 “他们展示的使用计算机的姿势和动作正确吗？为什么不正确？” 提醒学生，在其他工作站，音量水平是1。
课时	1节课，或者直到熟练掌握

第4课	在工作站的正确动作
目的	学生在计算机工作站学习时，动作应当正确（眼睛盯着目前的工作，不要看其他使用计算机的同学）
材料	表格纸
时间	10分钟
教师展示的程序	（和学生一起创建班级表格I） “在计算机工作站，有些同学操作计算机，有些同学与老师在一起。还有些同学独立学习或两个人一组学习。” “很重要的是，我们都要相互尊重，无论别人在学习什么，目的是什么。这会帮助我们防止自己分散注意力，或者防止被他人分散注意力。” “在工作站的同学应当做什么？” （在表格I上记录下学生的回答） “不分散其他同学的注意力为什么非常重要？” “你的时间有限，所以必须集中精力完成所有作业。”

（续表）

第4课	在工作站的正确动作
	“如果你看其他人，或者被其他人分散注意力，你就无法按时完成作业。” “在工作站学习时，（输入你的名字）在阅读区和同学一起阅读。” “在工作站学习时，（输入你的名字）应当做什么？” （在表格I上记录下学生的回答）
学生展示	在每个工作站选择一组学生，让他们展示一下：在此工作站工作应当看起来像什么样？音量水平是什么样？ “在工作站，你看见同学们在干什么？” “他们按照表格I的要求做了吗？”
课时	在每天开始学习之前，复习一下表格I。

第5课	在工作站需要准备的必要材料
目的	学生应当能够准备必要的工作站材料，并在转换到其他工作站之前，将这些材料放到桌面上
材料	学生工作站材料：程序检测表，阅读包，数学包
时间	5–8分钟
教师展示的程序	“在工作站，我们使用什么材料？” “当我们转换到其他工作站时，我们要安静快速地到达指定地点，这样就能够快速投入工作。” 使用表格I（参考上一节课）和必要的工作站材料。 “铅笔会留下记号，并且会损坏桌子和电脑。所以要保证将所有的写作材料都放起来。”
学生展示	展示一个正确的步骤，一个错误的步骤。 让两个学生使用表格I，按照错误的步骤展示一下如何费力地转换到另一个工作站。 简单评论一下他们犯的错误。 让这两个学生按照正确的步骤再做一次，简单评论一下。 “我们今天学到了什么，这个知识对我们在工作站学习有何帮助？”
课时	至少5课时，每次都要复习一下表格I，每次都在上完课后（转换到其他工作站，将材料留在桌子上）补充一些新的观点。给学生计时（4分钟，3分钟，2分钟……）

第6课	安静高效地转换到其他工作站
目的	学生应当能够安静高效地转换到其他工作站，带着或者不带必要的材料
材料	PPT或者记录纸 在计算机工作站，当计时器响起来时…… 在自我阅读区工作站，当计时器响起来时…… 在伙伴阅读区工作站，当计时器响起来时…… 在单词/写作区，当计时器响起来时…… 如何转换到其他工作站？
时间	5–10分钟
教师展示的程序	“转换时保持音量水平为0，静静地走到指定区域为什么非常重要？”（因为节省时间，不打扰别人） “音量水平为0是什么状态？” “今天我们练习从我们的工作站转换到计算机工作站，然后再回到自己的工作站，保持静音。这个包括静静地走路。这就意味着，我们不能跟其他同学说话，不能碰其他同学的桌子。” “静静地走路是什么样子？” 示范一个不正确走路的样子。 “这种走路的方式错在哪里（记下名称）？” “很好！我们需要保持安静，不讲话，静静地走路。” “转换工作站时，正确的走路方式是怎样的？”
学生展示	找一个学生，你知道他做不好这个动作，让他给全班同学示范一下。 问一下同学们，如何改正这个学生的错误才能做到完美。 再让这个学生示范一下：很可能会成功！ 让同学们在通向计算机站的方向站着，以便其他同学给他们示范。 请一组同学分散地站在通道上，让5个同学展示如何走过去——不能踩着他们的脚，保证安全。
课时	直到掌握（每个教室掌握的进度都不一样）

第7课	计算机工作站礼仪
目的	学生应当能够保证计算机工作站在自己学习前和学习后都干净整洁
材料	干净计算机站的图片
时间	5–7分钟

（续表）

第7课	计算机工作站礼仪
教师展示的程序	“今天我们学习计算机工作站在自己学习前和学习后应该是什么样子。” “在我走向计算机用手触摸前，我应当用洗手液洗手（示范一下），并且保证手完全是干的，不要湿。这样就保证不会将计算机键盘弄脏。” “当我使用自己的计算机时，计算机应当看起来是这样的（展示图片），耳机应当这样戴，笔记本电脑应当打开。如果你使用计算机工作站学习，计算机不是这样，说明上次使用它的学生没有正确使用，把它弄脏了。” “即使你的同学没有正确地使用计算机，你也可以继续使用计算机。只不过你要多做点清洁工作。记住，如果我们不清洁计算机，那么后面使用的人就得清洁，这么做是不对的，是不尊重别人的行为。” “在我使用计算机前，计算机应当看起来是什么样的？” “计算机不干净怎么办？我应当怎么做？” “计算机使用前非常干净，你在使用过程中也要保持干净。”
学生展示	“现在，我们请同学展示一下如何准备好去计算机工作站。” “在去计算机工作站之前，应当做什么？” 我应当用洗手液洗手，并且保证手完全是干的，然后再触摸计算机。（让学生示范一下） “在我使用计算机前，计算机应当看起来怎么样？” 计算机应当是开着的。我应该从箱子的塑料袋里拿出耳机。 “我使用完计算机后，计算机应当看起来怎么样？” 应当像我使用计算机前一样。（请学生示范一下，在离开计算机前，计算机应当是看起来非常干净的样子。） “我绝对不应该将什么带到计算机站？” 食品、饮料、水都不允许带到计算机站。
课时	2节课，第二天复习问题。

第8课	准备转换到其他工作站
目的	学生应当能够在2分钟的时间内，准备带好所有的资料，按照教室地图，转换到新工作站
材料	第一节课绘制的教室地图
时间	7–10分钟

（续表）

第8课	准备转换到其他工作站
教师展示的程序	“以前，我们学习了如何转换到第一个工作站。谁能告诉我我们如何转换到第一个工作站？” “昨天，我们学习了在使用完计算机后如何保持计算机干净整洁，以便让后来的使用者方便。谁能告诉我应当如何离开计算机站？” “我们也学习了我们应当把材料放在什么地方。我们应当把计算机工作站的材料放在哪里？” （放在自己的桌子上） “今天，我们将学习如何从第一个工作站转移到另一个工作站。但是，首先让我们看一下教室地图，这样我们就能够记住我们要去哪里。”（根据教室地图，教师带领学生复习每个工作站）
学生展示	使用PPT教学生如何转换到下一个工作站。在每个工作站，都请学生示范一下正确的转换行为。 最后，请学生示范一下如何从一个工作站转换到下一个工作站。 “我们的同学做得怎么样？我们还需要做些什么使其更好些？”
课时	因为目标是2分钟，所以学生必须有毅力反复练习。计时先从目前学生的工作站转换开始。

第9课	舒服地在计算机前工作
目的	当安静地在计算机前工作时，学生应当能够进行适当地伸展，舒适地深呼吸
材料	椅子，伸展模型，脖子伸展，后背伸展，呼吸技巧
时间	10分钟
教师展示的程序	“当在计算机前工作时，有时候你会感到眼睛或是身体很疲乏。如果你感到疲乏，你可以坐在计算机前的椅子上，做一些适当的伸展活动。” “在工作站的计算机前工作一段时间感到累了，你应当怎么办？” “让我们看看，坐在计算机前的椅子上做一些适当的伸展活动。做伸展动作时，特别重要的一点是，不要碰到旁边的同学或者计算机。” （示范一下胳膊伸展运动，脖子左右活动，后背伸展活动，深呼吸活动）
学生展示	请三位同学示范一下，如何坐在计算机前的椅子上做一些适当的伸展活动。
课时	连续2–3天

第10课	爱护计算机：第一部分
目的	学生应当知道，在使用计算机时不应当触摸什么
材料	人造招贴图（可以触摸什么，不可以触摸什么），PPT或者视频（对计算机的爱护和维护）
时间	10分钟
教师展示的程序	放视频或者PPT，展示如何维护计算机。 “我们应当如何爱护计算机？” 请学生思考，两个人讨论，共享。 “为了让计算机处于良好的工作状态，非常重要的一点是，保持计算机干净整洁，不要撒上食物、液体，以免毁坏部件或者弄脏计算机。我们也要爱护显示器、鼠标、键盘、电线等。” “计算机的有些部件我们肯定会触摸的。” “计算机的哪些部件我们肯定会触摸的？” 请学生思考，两个人讨论，共享，提建议等。 （键盘、鼠标） “很好。我听到有同学说我们可以触摸键盘、鼠标。但是，我也听到有同学说我们不可以触摸某些部件。它们是哪些部件？” 请学生思考，两个人讨论，共享，提建议等。 “为什么我们一定不要触摸显示器？” “为什么我们一定不要按电源开关？” “原因是，这不是苹果平板电脑，不是触摸屏，所以我们不要碰。我们不要按电源开关，因为这会关闭计算机。只有成年人才能这么做。”
学生展示	请同学走到计算机/手提电脑跟前。请学生指向他可以触摸的部件（键盘、鼠标）。然后，请学生两个手指交叉做出×形状，放在不能触摸的部件上（计算机显示器，电源开关）。 课程结束： “计算机的哪些部件我们可以触摸？计算机的哪些部件我们不可以触摸？”
课时	1节课

第11课	爱护计算机：第二部分
目的	学生应当知道，在使用计算机时不应当触摸什么
材料	人造招贴图（可以触摸什么，不可以触摸什么），视频（安全使用计算机电源和电线）
时间	10分钟

（续表）

第11课	爱护计算机：第二部分
教师展示的程序	放视频，展示如何安全使用计算机。 “这两个视频给我们展示了什么信息？” 请学生思考，两个人讨论，共享。 “是的，当我在同学之间走动时，我听到有同学说，视频展示的信息是，当涉及电子和电时，一定要保证自身安全。” “如果我们使劲拉或者拽电源线，会发生什么情况？” “如果我们把手指放到电源插座里，会发生什么情况？” “我们一定不要使劲拉电源线，不要将水靠近计算机，不要把手指放到电源插座里或者手提电脑的电源线里，因为我们要保证自身安全，保证不被电击。”
学生展示	复习一下昨天学的知识，然后总结一下今天学的知识。 请一位学生走到计算机/手提电脑跟前，请这个学生指向他可以触摸的部件（键盘，鼠标）。然后，请这个学生两个手指交叉做出×形状，放在不能触摸的部件上（计算机显示器，电源线，电源开关）。 课程结束： “计算机的哪些部件我们可以触摸？计算机的哪些部件我们不可以触摸？”
课时	1节课

第12课	使用键盘的正确姿势
目的	学生应当通过打自己的名字，来展示使用键盘的正确姿势
材料	键盘打印输出，视频（如何打字）
时间	10分钟
教师展示的程序	“昨天，我们学习了在计算机站不应当触摸什么。今天，我们将学习使用键盘的正确方式，你将有机会练习打你的名字。” “现在，我展示一下使用键盘打字的正确方式和错误方式。” 教师示范敲打键盘，用劲击打键盘；然后示范正确方式：轻轻击打键盘。 “这样打字是正确的还是错误的？为什么？” “为什么学习正确的打字方式非常重要？” “如果我们打字的方式不正确，会发生什么事情？” 请所有学生都举起双手，好像他们要在键盘上打字，或者要弹钢琴。 让学生分别示范一下在键盘上打字的正确方式和错误方式。 “现在，在我展示在键盘上如何打我的名字之前，先看一段视频，看一下键盘上英文字母的分布情况，各个手指在键盘上的位置。”

（续表）

第12课	使用键盘的正确姿势
	在视频合适的位置停顿一下，让学生读一下键盘上的英文字母。（指出最顶一行数字的总体分布情况，中间一行字母的分布情况，说明一下哪是删除键、退格键、空格键、回车键）。（准备好投影仪，这样就可以录下你如何在键盘上打字，给学生展示真实的打字情况）教师按照手放的正确位置，慢慢地打上自己的名字（根据键盘上的字母）。对于较小的学生，你可以展示如何使用食指打字。
学生展示	把键盘递给学生，让两个人一组或者三个人一组。学生甲练习打字，学生乙/丙保证学生甲打字的姿势是正确的。 如果使用工作表，把工作表递给学生。让学生在工作表的键盘上按照顺序给自己的名字涂上颜色，然后把笔拿走。让学生把手的位置正确的放在工作表的键盘上，假装打自己的名字。 教师将“手在键盘上的顺序”招贴画挂在计算机工作站的墙上，向学生解释。
课时	1节课，或者根据学生的情况/年级情况确定课时。

第13课	使用鼠标
目的	学生应当知道，在使用计算机时，如何使用鼠标
材料	教师的手提电脑，简单的在线视频（如何使用鼠标），两张图片（教师在鼠标上滑动手指，双击）
时间	10分钟
教师展示的程序	“昨天，我们学习了在计算机站如何正确打字。今天，我们将学习如何使用鼠标。与使用键盘一样，使用鼠标也有正确方式和错误方式。” 教师让学生围成一圈，这样每个学生都能看到老师的示范。首先老师在自己的手提电脑上示范错误的方式：使劲按鼠标，用力点击鼠标选择左键和菜单右键。然后示范正确的方式：手指轻轻在鼠标上滑动，轻轻点击鼠标选择左键和菜单右键。 “这是正确的方式还是错误的方式？” “学习正确使用鼠标的方法为什么非常重要？” “如果鼠标使用错误会发生什么情况？” “你可以使用鼠标来滑动箭头，滑到电脑屏幕上你想要到达的位置。做法是：你先轻轻地滑动右边的食指，按一下，然后将箭头滑到你想要到达的屏幕的位置。你可以从右边向左边滑动，也可以从左边向右边滑动。让我给你们示范一下。” 教师给学生示范。

（续表）

第13课	使用鼠标
	“当我们将箭头放到要打开的程序时，轻轻双击左边键就行。不需要使用右边菜单键。” “用你的手指给我展示一下，如何算是双击。”（学生伸出两个手指） “当说双击的时候，我们是击打几次？”（学生回答是2次）“我们不仅仅是击打2次，而且速度要快。让我在我的计算机上示范一下。” 老师从自己的手提电脑上示范打开一个程序（火狐浏览器、因特网浏览器）。 “现在放一段5分钟的视频，给你们展示一下如何使用鼠标。”（放视频）
学生展示	“现在轮到你们做两个今天学的动作。（1）滑动食指移动箭头；（2）用拇指双击。” “在空中示范一下。首先，将你右食指举起来，然后从一边滑动到另一边。现在，举起你的右手，手掌朝下，好像按在鼠标上。现在，快速上下移动你的右拇指2次，在空中双击。”
课时	1节课，或者根据学生的情况/年级情况确定课时。 2张图片，1张是教师在鼠标上滑动手指，1张是教师双击鼠标。

第14课	登录系统
目的	学生应当能够通过登录进入到自己的账户
材料	带有模仿点击账户的PPT（用于练习）
时间	5分钟
教师展示的程序	“你的学习账户只能你用，其他人不能用，因为你要在这个账户里完成所有的作业。选择学习项目后，你需要登录你的账户进入。” （展示PPT，登录系统） “你需要做的就是登录你的账户。一旦登录成功，你就可以进行混合式学习。” 解释登出系统的同义词：关闭，退出，停止。
学生展示	请一个学生使用PPT展示一下如何登录系统。
课时	1节课

第15课	退出系统
目的	学生应当能够通过退出自己的账户结束课程学习
材料	带有模仿退出账户的PPT
时间	5分钟

（续表）

第15课	退出系统
教师展示的程序	“上一课，你们学习了如何登录账户。但是，当你要离开计算机工作站时，应该怎么办？” “你只是站起来离开计算机？为什么这样可以？或者不可以？” “你的账户有你所有的信息，还有你辛苦完成的作业。当你完成了一个任务要离开计算机时，你需要退出系统。这就意味着，你要关闭你的账户，这样就没有人能够看见你的信息了。” （展示PPT，退出系统） 1）点击退出按钮。 2）下一个窗口会问：“你确定退出吗？”你认为应当按哪个按钮？（是！） 3）退出系统完成。 “退出系统后，你就清洁一下计算机，以便下一个同学使用。”
学生展示	扼要重述： 1. 为什么在我们完成任务后要退出系统？ 2. 退出系统会遇到什么术语？（退出，关闭，停止，结束） 请一个学生使用PPT展示一下如何退出系统。
课时	1节课

第16课	知道计算机何时正在加载
目的	学生应当知道什么情况下属于计算机正在加载
材料	带有屏幕截图的PPT，表明正在加载中
时间	5分钟
教师展示的程序	“当你点击计算机上某个项目时，有时候你必须等计算机做出反应。这个等待的时间，就是我们所说的计算机正在加载。” “当计算机正在加载时，你什么都不能做。你所有能做的事情就是等待。” “当然，这也是一个看书的好时间，读读语文或者数学，或者完成你的反馈作业。” “当你在屏幕上看到下列图片或者图标时，就意味着计算机正在加载。” 给学生展示正在加载的图标。 “当你打开计算机，或者当你登录你的账户，你要等待计算机加载。” “现在，我要打开计算机，登录进入我的账户。（打开计算机，登录进入账户）关掉计算机，等待计算机关闭。”

（续表）

第16课	知道计算机何时正在加载
学生展示	挑选几个学生，让他们打开计算机，登录系统，然后退出系统，关掉计算机。
课时	1节课

第17课	在登录进入系统时处理出现的问题
目的	学生在登录进入系统时，能够处理出现的问题
材料	带有屏幕截图的PPT，表明登录页面，但有错误图标提示
时间	5分钟
教师展示的程序	“有时候，当你在计算机上打字，或者点击计算机上某个项目时，你可能会出错，这样计算机就不会进入下一个程序。” “这就叫出错。” “当你在屏幕上看到下列图片或者图标时，就意味着计算机已经出错。” 给学生展示错误图标。 “通常犯的错误是，当登录账户时用户名或者密码打错。当出现这种情况时，回去，重新检查一下你输入的信息是否正确。然后，再试一次。” 示范一下：打错了用户名字（出现错误信息），回去检查一下，纠正错误，然后成功登录。
学生展示	挑选几个学生纠正用户名字和密码。
课时	1节课

第18课	关闭程序，然后重新进入系统
目的	学生应当学会关闭程序，然后练习重新进入系统
材料	计算机，投影仪，展示如何关闭程序，然后重新进入系统
时间	5–8分钟
教师展示的程序	展示正确的打字或者点击进入某个具体程序。 展示如何正确退出系统，以便让其他学生使用计算机。 “为什么这么做非常重要？” “在我前面的学生如果没有退出账户，会发生什么事？”

（续表）

第18课	关闭程序，然后重新进入系统
学生展示	请一个学生展示一下如何登录和退出账户。 请一个学生展示一下，在进入计算机时，发现前面的学生没有退出账户。 “我们今天学到了什么？这对我们在计算机站学习有什么帮助？”
课时	大约5节课

第19课	当计算机出现问题时该怎么办
目的	当计算机出现问题时，学生能够快速的找到帮助卡
材料	PPT，展示如何找到帮助卡，一套活页片（我的计算机死机了。我无法进入系统，我无法……计算机出了问题。耳机不好用）
时间	5–10分钟，根据班级情况
教师展示的程序	“昨天，我在计算机上使用了一个新的程序，我不知道该怎么做。” “到今天结束的时候，如果计算机出现问题，你则能够快速找到帮助卡。” （请写下你要求学生做什么） 示范一下，你要求学生做的每件事情。
学生展示	请一个学生（你知道他肯定会犯错），向班级展示一下。 请其他学生改正这个同学的错误，以便在出现问题的时候，学生非常清楚应该怎么做。 请第一个学生根据同学们的建议再做一遍——这次肯定能成功！
课时	直到掌握（时间根据每个班级的实际情况有所不同）

第20课	调整音量
目的	学生应当知道如何调整音量，或大或小
材料	带声音调节的PPT（参考下面的PPT幻灯片注解），流行歌曲（嵌入PPT里）
时间	10分钟
教师展示的程序	第1张PPT幻灯片（标题幻灯片）： “有时候，当我们听东西时，声音太大，震耳朵。有时候，正好相反，声音太小，听不清楚。调整到合适的音量是非常重要的。”

（续表）

第20课	调整音量
	第2张PPT幻灯片： “声音键是这样的。它们在键盘的上面。（再次点击一下）如果你想要声音小，就按一下第一个按钮。（再次点击一下）如果声音太大，就按这个按钮。”检查一下学生是否理解。“这个按钮是干什么的？我们什么时候需要按这个按钮？” （再次点击一下）“如果你想要声音大，就按下一个按钮。（再次点击一下）如果声音太小，就按这个按钮。”检查一下学生是否理解。“这个按钮是干什么的？我们什么时候需要按这个按钮？” （再次点击一下）“下一个按钮是静音按钮，即，让声音完全消失。” （再次点击一下）“也许你们并不需要这个按钮，因为你们需要学习很多故事和指导说明。但是，如果你不小心按了这个按钮，那就再按一次，声音就恢复了，听到声音了吧？”检查一下学生是否理解。“这个按钮是干什么的？我们什么时候需要按这个按钮？” 第3张PPT幻灯片： 老师一边听歌曲，一边在自己的手提电脑上示范按哪个按钮提高声音，按哪个按钮降低声音。另外，也示范一下静音按钮。问学生： “声音太小了，我听不见，我应该按哪个按钮？” “现在声音又太大了，我应该按哪个按钮？” “我根本听不见，我可能不小心按了静音按钮。我应该按哪个按钮恢复声音？”
学生展示	第3张PPT幻灯片： 教师一边问学生问题，一边让学生解决声音问题。 “声音太小了，我听不见，我应该按哪个按钮？” “现在声音又太大了，我应该按哪个按钮？” “我根本听不见，我可能不小心按了静音按钮。我应该按哪个按钮恢复声音？” 教师请5位学生在手提电脑上做提高声音和降低声音的练习。
课时	1节课直到掌握（下节课上要复习本课内容）

第21课	如何使用耳机
目的	学生应当知道如何使用耳机，并会调整耳机的音量大小
材料	有关耳机的PPT（参考下面的说明），耳机
时间	7分钟
教师展示的程序	第1张PPT幻灯片： “今天我们学习在计算机工作站，如何仔细地使用耳机。另外，我们要复习一下，在戴着耳机时如何处理音量大小的问题。” 第2张PPT幻灯片： “关于这些耳机，你们注意到什么？这样戴耳机你们认为对吗？” “我们需要小心使用耳机。如果我们将耳机伸展的太大，或者玩耳机，就可能会弄坏它。” 展示一下，如何轻轻地戴上耳机，伸展的不要太大。请学生跟着你做一遍。 第3张PPT幻灯片： “你可能遇到的一个问题是，你的耳机音量太大，震耳朵。” “如何解决这个问题？” 第4张PPT幻灯片： “解决的办法是，按低音量按钮。” 第5张PPT幻灯片： “你可能遇到的另一个问题是，你的耳机音量太小，听不清，或者听不见。” “如何解决这个问题？” 第6张PPT幻灯片： “按高音量按钮。” 第7张PPT幻灯片： “如果还是没有声音，那么检查一下，是否按了静音键。”
课时	1节课

“常青藤”书系—中青文教师用书总目录

书名	书号	定价
特别推荐——从优秀到卓越系列		
从优秀教师到卓越教师：极具影响力的日常教学策略（入选浙江省教师节用书）	9787515312378	33.80
从优秀教学到卓越教学：让学生专注学习的最实用教学指南	9787515324227	32.00
从优秀学校到卓越学校：他们的校长在哪些方面做得更好	9787515325637	33.80
卓越课堂管理（中国教育新闻网2015年度“影响教师的100本书”）	9787515331362	68.00
名师新经典/教育名著		
混合式教学：技术工具辅助教学实操手册	9787515347073	39.80
如何当好一名学校中层：快速提升中层能力、成就优秀学校的31个高效策略	9787515346519	29.00
像冠军一样教学：引领学生走向卓越的62个教学诀窍	9787515343488	49.00
如何成为高效能教师（美国最畅销教师用书，销量超过350万册，最专业、最权威、最系统的教师培训第一书）	9787515301747	68.00
给教师的101条建议（第三版）（《中国教育报》“最佳图书”奖）	9787515342665	33.00
改善学生课堂表现的50个方法：小技巧获得大改变（入选《中国教育报》2010年和2011年“影响教师的100本书”）	9787500693536	23.80
改善学生课堂表现的50个方法操作指南：小技巧获得大改变	9787515334783	29.00
优秀教师一定要知道的17件事（美国当前最有影响教育畅销书作者全新力作）	9787515342726	23.00
美国中小学世界历史读本 / 世界地理读本 / 艺术史读本	9787515317397等	106.00
美国语文读本1–6	9787515314624等	252.70
和优秀教师一起读苏霍姆林斯基	9787500698401	27.00
怎么做孩子会爱上学习（入选“21世纪中国教师必读的百种好书”，《中国教育报》“2010年影响教师的100本书”）	9787500685968	22.00
快速破解60个日常教学难题	9787515339320	33.00
美国最好的中学是怎样的——让孩子成为学习高手的乐园	9787515344713	28.00
教师成长/专业素养		
运用积极心理学提高学生成绩：品格教育校本计划	9787515345680	39.80
可见的学习与思维教学：让教学对学生可见，让学习对教师可见	9787515345000	29.80
教学是一段旅程：成长为卓越教师你一定要知道的事	9787515344478	39.00
安奈特·布鲁肖写给教师的101首诗	9787515340982	35.00
万人迷老师养成宝典学习指南	9787515340784	28.00
中小学教师职业道德培训手册：师德的定义、养成与评估	9787515340777	32.00
成为顶尖教师的10项修炼（中国教育新闻网2015年度“影响教师的100本书”）	9787515334066	35.00
T. E. T. 教师效能训练：一个已被证明能让所有年龄学生做到最好的培训项目（30周年纪念版）（中国教育新闻网2015年度“影响教师的100本书”）	9787515332284	39.00
教学需要打破常规：全世界最受欢迎的创意教学法（中国教育新闻网2015年度“影响教师的100本书”）	9787515331591	33.00

	书名	书号	定价
	高效能教师如何带领学生取得优异成绩（中国教育新闻网2015年度“影响教师的100本书”）	9787515328980	39.00
★	10天卓越教师自我培训（教育家安奈特·布鲁肖顶尖卓越教师培训教材）	9787515329925	29.00
	给幼儿教师的100个创意：幼儿园班级设计与管理	9787515330310	29.00
	给幼儿教师的100个创意：为幼升小做准备	9787515329130	29.90
	给小学教师的100个创意：发展思维能力	9787515327402	29.00
	给中学教师的100个创意： 如何激发学生的天赋和特长 / 杰出的教学 / 快速改善学生课堂表现	9787515330723等	87.90
	以学生为中心的翻转教学11法	9787515328386	29.00
	如何使教师保持职业激情	9787515305868	29.00
★	如何培训高效能教师：来自全美权威教师培训项目的建议	9787515324685	32.00
★	良好教学效果的12试金石：每天都需要专注的事情清单	9787515326283	29.90
★	让每个学生主动参与学习的37个技巧	9787515320526	28.00
	10分钟教师培训：卓越教师的40个快速训练法	9787515320519	32.00
	高效能教师的时间管理法	9787515321073	35.00
	高效能教师备课完全指南：英国最权威的备课指导用书	9787515312361	23.80
	提高学生学习效率的9种教学方法	9787515310954	27.80
	下课后来找我：资深教师给同行的建议	9787515307114	28.00
★	优秀教师的课堂艺术：唤醒快乐积极的教学技能手册	9787515342719	26.00
★	万人迷老师养成宝典（第2版）（入选《中国教育报》“2010年影响教师的100本书”）	9787515342702	29.00
	高效能教师的9个习惯	9787500699316	23.00
★	好老师可以避免的20个课堂错误（入选《中国教育报》“2010年影响教师的100本书”）	9787500688785	21.50
	爱·上课：麻辣教师调教“天下第一班”的教育奇迹（李希贵、窦桂梅推荐）	9787500693383	29.00
	课堂教学/课堂管理		
	从备课开始的50个创意教学法	9787515346618	29.00
	中学生实现成绩突破的40个引导方法	9787515345192	33.00
	给小学教师的100个简单的科学实验创意	9787515342481	39.00
	老师如何提问，学生才会思考	9787515341217	33.80
	教师如何提高学生小组合作学习效率	9787515340340	29.00
	卓越教师的200条教学策略	9787515340401	35.00
	中小学生执行力训练手册：教出高效、专注、有自信的学生	9787515335384	33.80
	提高学生学习专注力的8个方法：打造深度学习课堂	9787515333557	35.00
	改善学生学习态度的58个建议	9787515324067	25.00

书名	书号	定价
全脑教学：影响全球300万教师的教学指导书（中国教育新闻网2015年度“影响教师的100本书”）	9787515323169	38.00
哈佛大学教育学院思维训练课	9787515325101	36.00
完美结束一堂课的35个好创意	9787515325163	28.00
如何更好地教学：优秀教师一定要知道的事（被英国教育界奉为圣经的教学用书）	9787515324609	36.00
带着目的教与学	9787515323978	28.00
美国中小学生社会技能课程与活动（学前阶段/1-3年级/4-6年级/7-12年级）	9787515322537等	153.80
彻底走出教学误区：开启轻松智能课堂管理的45个方法	9787515322285	28.00
破解问题学生的行为密码：如何教好焦虑、逆反、孤僻、暴躁、早熟的学生	9787515322292	36.00
在普通课堂教出尖子生的20个方法：分层教学	9787515321868	29.90
天天向上：中学教学问题解决手册	9787515321202	29.00
13个教学难题解决手册	9787515320502	28.00
让学生爱上学习的165个课堂游戏	9787515319032	39.00
美国学生游戏与素质训练手册：培养孩子合作、自尊、沟通、情商的103种教育游戏	9787515325156	36.00
老师怎么说，学生才会听	9787515312057	28.00
快乐教学：如何让学生积极与你互动（入选《中国教育报》2010年和2011年“影响教师的100本书”）	9787500696087	29.00
老师怎么教，学生才会提问	9787515317410	29.00
快速改善课堂纪律的75个方法	9787515313665	28.00
教学可以很简单：高效能教师轻松教学7法	9787515314457	25.00
88种美国中小学经典课堂教学活动	9787515314419	32.00
好老师应对课堂挑战的25个方法（《给教师的101条建议》作者新书）	9787500699378	25.00
快速调动学生参与的99个方法（被誉为美国调动学生参与最有价值之书）	9787515317069	31.90
好老师激励后进生的21个课堂技巧	9787515311838	23.80
开始和结束一堂课的50个好创意	9787515312071	19.80
好老师因材施教的12个方法（美国著名教师伊莉莎白“好老师”三部曲）	9787500694847	22.00
如何打造高效能课堂（美国《学习》杂志“教师必选”奖，“激励教师组织”推荐书目）	9787500680666	29.00
合理有据的教师评价：课堂评估衡量学生进步	9787515330815	29.00
班主任工作/德育		
北京四中8班的教育奇迹	9787515321608	36.00
师德教育培训手册	9787515326627	29.80
打造优秀班级的15个秘密	9787515319117	28.00
设计和管理最优班级实用手册	9787515317731	49.00
好老师征服后进生的14堂课（美国著名教师伊莉莎白“好老师”三部曲）	9787500693819	25.00
优秀班主任的50条建议：师德教育感动读本（《中国教育报》专题推荐）	9787515305752	23.00

	书名	书号	定价
	优秀教师一定读的60个故事（传达60种爱的教育方式）	9787500696285	25.00
	学校管理/校长领导力		
	如何定义、评估和改变学校文化	9787515340371	29.80
	学校管理者如何构建卓越学校	9787515330754	28.00
	从优秀学校到卓越学校：他们的校长在哪些方面做得更好	9787515325637	33.80
	优秀校长一定要做的18件事（入选《中国教育报》"2009年影响教师的100本书"）	9787515342733	26.00
	构建杰出学校的7个杠杆	9787515324319	39.00
★	给校长的127条建议（入选《中国教育报》2010年和2011年"影响教师的100本书"）	9787500694779	23.00
	创新型学校：给学校管理者的9个策略（入选《中国教育报》2010年和2011年"影响教师的100本书"）	9787500693628	23.00
	学科教学/教科研		
	人大附中中考作文取胜之道	9787515345567	39.80
★	人大附中高考作文取胜之道	9787515320694	33.80
★	人大附中学生这样学语文：走近经典名著	9787515328959	33.80
	让小学一年级孩子爱上阅读的40个方法	9787515307589	30.00
	让学生爱上数学的48个游戏	9787515326207	26.00
★	优秀小学语文教师一定要知道的7件事（窦桂梅畅销作品）	9787500674139	23.80
	小学语文课例研修的8个实践策略（附赠光盘）	9787515312064	33.00
★	考拉小巫的英语学习日记：写给为梦想而奋斗的人	9787515303505	25.00
	情商教育/心理咨询		
	中小学心理教师的10项修炼	9787515309347	36.00
★	别和青春期的孩子较劲（增订版）（入选《中国教育报》"2009年影响教师的100本书"）	9787515343075	28.00
★	100条让孩子胜出的社交规则	9787515327648	28.00
	加州大学伯克利分校的10堂幸福教养课	9787515303512	23.00
	幼儿园/学前教育		
	幼儿园30个大主题活动精选：让工作更轻松的整合技巧	9787515339627	39.80
★	美国幼儿教育活动大百科：3-6岁儿童学习与发展指南用书·科学	9787515324265	150.00
★	美国幼儿教育活动大百科：3-6岁儿童学习与发展指南用书·艺术	9787515324289	150.00
★	美国幼儿教育活动大百科：3-6岁儿童学习与发展指南用书·健康与语言	9787515324296	150.00
★	美国幼儿教育活动大百科：3-6岁儿童学习与发展指南用书·社会	9787515324272	150.00
	蒙台梭利早期教育法：3-6岁儿童发展指南（理论版）	9787515322544	29.80
	蒙台梭利儿童教育手册：3-6岁儿童发展指南（实践版）	9787515307664	25.00
★	自由地学习：华德福的幼儿园教育	9787515328300	29.90
	你的水桶有多满（儿童版）	9787515342689	29.00

书名	书号	定价
赞美你：奥巴马给女儿的信	9787515303222	19.90
教育主张/教育视野		
如何发现孩子：实践蒙台梭利解放天性的趣味游戏	9787515325750	32.00
如何学习：用更短的时间达到更佳效果和更好成绩	9787515334844	39.80
教师和家长共同培养卓越学生的10个策略	9787515331355	27.00
如何阅读：一个已被证实的低投入高回报的学习方法	9787515342627	29.90
芬兰教育全球第一的秘密（珍藏版）(《中国教育报》等主流媒体专题推荐，台湾教育类畅销书榜第一名）	9787515342610	28.00
世界最好的教育给父母和教师的45堂必修课(《芬兰教育全球第一的秘密》2）	9787515342696	28.00
杰出青少年的7个习惯（精英版）(中小学图书馆推荐书目、中国青少年必读书目）	9787515342672	39.00
杰出青少年的6个决定（领袖版）(中小学图书馆推荐书目、中国青少年必读书目、全国优秀出版物奖）	9787515342658	28.00
7个习惯教出优秀学生（第2版）(全球第一畅销书《高效能人士的七个习惯》教师版）	9787515342573	29.00
学习的科学：如何学习得更好更快（入选2016年中国教育网暑期推荐书目）	9787515341767	39.80
杰出青少年构建内心世界的5个坐标（中国青少年成长公开课）	9787515314952	59.00
跳出教育的盒子（第2版）(美国中小学教学经典畅销书）	9787515344676	35.00
夏烈教授给高中生的19场讲座(入选《中国教育报》"2013年最受教师欢迎的100本书"）	9787515318813	29.90
学习之道：美国公认学习第一书	9787515342641	28.00
翻转学习：如何更好地实践翻转课堂与慕课教学（中国教育新闻网2015年度"影响教师的100本书"）	9787515334837	32.00
翻转课堂与慕课教学：一场正在到来的教育变革	9787515328232	26.00
奇迹学校：震撼美国教育界的教学传奇（中国教育新闻网2015年度"影响教师的100本书"）	9787515327044	36.00
学校是一段旅程：华德福教师1-8年级教学手记	9787515327945	32.00
高效能人士的七个习惯（25周年纪念版）(全球头号畅销书）	9787515326399	68.00
盖洛普优势识别器2.0：《现在，发现你的优势》升级版	9787515308036	199.00

➡ 任何优秀教师和成功教师，首先必须是一名高效能教师。

低效能学校 + 低效能教师 =（学生成绩）前 50% ↘ 倒数 3%
高效能学校 + 低效能教师 =（学生成绩）前 50% ↘ 倒数 37%
低效能学校 + 高效能教师 =（学生成绩）前 50% ↗ 前 37%
高效能学校 + 高效能教师 =（学生成绩）前 50% ↗ 前 3%

《如何成为高效能教师》

作 者：（美）黄绍裘　黄露丝玛丽
ISBN：9787515301747
开 本：16
页 码：344
定 价：68.00元

你将读到什么

➡ 美国最专业、最权威、最系统的 **教师培训第一书** 。看世界上最专业、最高效、最幸福的教师如何打造快乐、善学、高分的好学生。

➡ 全球最畅销的教师用书引进中国。亚马逊网上书店教育类畅销书榜第1名。出版**20**年，覆盖102个国家，全球销量超过**400**万册。

➡ 首度公开成功教学的最大秘密，汇集全美**100名最优教师30年成功教学智慧**，建构了一套完整的高效能教师培训系统和教师素质与能力提升解决方案，让**新教师迅速成熟**，**老教师突破极限**，享受终极职业快乐。

➡ 幼师、中小学教师、教育管理者、师范院校师生、对外汉语教师“**人手一册**”**的必备工具书**。

➡ **超值赠送**60分钟美国最受欢迎的教师网络教学视频，200页网络版主题教学拓展资源。书中附有大量被实践证明、行之有效的 **教学资源和技术工具**，更为教师的日常教学和管理实践提供丰富的行动指南。

像冠军一样教学：

引领学生走向卓越的62个教学诀窍

ISBN：9787515343488
作者：[美]道格·莱莫夫
2016-9　定价：49.00元
上架建议：畅销书　教师用书

入选《中国教育报》2016年度“教师喜爱的100本书”
入选中国教育新闻网2016年度“影响教师的100本书”

- 被誉为美国的“教学圣经”
- 全球1700万教师口碑相传的教学指南
- 教育界罕见的销量过千万的全球畅销书
- 只要掌握技巧，没有教不会的学生
- 一套已被证明适合每一所学校和每一个教师课堂的实用教学工具
- 《纽约时报》《时代周刊》《洛杉矶时报》《华盛顿邮报》《华尔街日报》《今日美国》等权威媒体重磅推荐
- 伟大的教师不是天生的，而是后天造就的。事实上，每一位教师都可以选择加倍努力来完善自己，最终成为你想成为的教师。本书涉及的62个教师技巧，一直被大多数教师实践，所有遵循这些方法的教师，都成功掌控了自己的课堂。

内容简介：《像冠军一样教学：引领学生走向卓越的62个教学诀窍》被誉为美国的“教学圣经”，作者多年来观察教学成效出色的冠军教师，从他们的教学技巧中整理归纳出一套实用的教学手册，清晰易懂又容易上手，能帮助新手教师更快进入状况，快速提升教学效果；帮助老教师直达教育本质，沉淀教学精华；帮助学生发挥最大潜力，在未来拥有更多机会。

全书在一个个引人入胜的教学案例中，为教师提供了62个操作简便、高效实用的教学技巧，每章末均附有切实可行的培训练习，帮助教师进一步理解和反思他们的教学行为，以更好地引导学生专注学习，发挥最大潜力。

作者简介：道格·莱莫夫是美国畅销书作家、权威教育家、著名教师培训导师。毕业于哈佛大学。

道格是教育界的权威专家。不仅如此，他还是全美教师培训界最引人注目的导师，他在观察几千堂“不可思议”的高效课堂后，归纳出冠军教师所需要的62个教学诀窍，他关于教学的理念和方法，一直被大多数教师实践，所有遵循这些方法的人，都成功掌控了自己的课堂和生活，并从中获得了无限快乐和幸福。

《像冠军一样教学：引领学生走向卓越的62个教学诀窍》出版后，在全球教育界引起巨大震动，包括《纽约时报》《洛杉矶时报》等主流媒体都做过专文报道。莱莫夫本人也声名鹊起，哈佛大学教育学院数次诚邀他登台演讲，约旦王后拉尼娅盛情邀请他出任教育顾问。

他还撰写了畅销书《练习的力量：把事情做到更好的42法则》。